木工　樹をデザインする

十時啓悦／監修

武蔵野美術大学出版局

木工　樹をデザインする　目次

木工の概念図

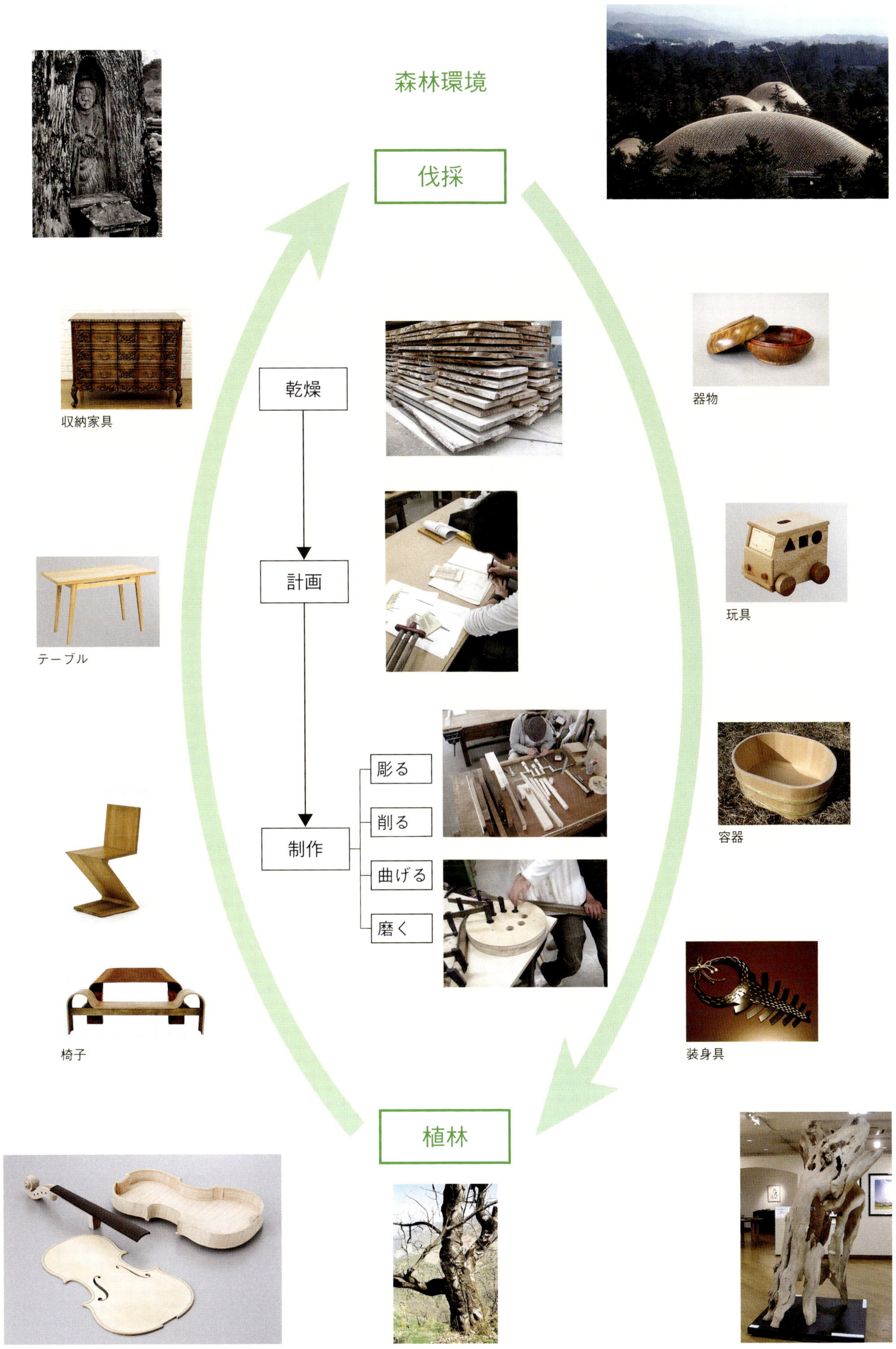
森林環境
伐採
乾燥
計画
制作
彫る
削る
曲げる
磨く
植林
収納家具
テーブル
椅子
器物
玩具
容器
装身具

p.3：木工の概念図掲載作品
右上：1998 年奈良シルクロード博、建築途中の登大路会場　撮影：白鳥美雄
左上：円空作、薬師如来像（山口県阿武郡福栄村・願行寺）撮影：田枝幹宏
器物：ロクロ挽のうつわ（ブータン）
玩具：神戸憲治
容器：南部桶正
装身具：松島さくら子
右下：「木のオブジェ」長橋亮
椅子：山野目英実、リートフェルト「ジグザグ」
テーブル：長津徹
収納家具：オーク材、1930 年代フランス　写真提供：フランドル

凡例

- 1 章から 6 章まで、単位はすべて mm 表示。
- 6 章：木のうつわと仕上げの各作品の記載内容
  「作品名」制作年　素材、技法。サイズ。作者および製造社名　作品のサイズ表示
  例 1：900 × 700 × 800 は、幅（W）× 奥行き（D）×高さ（H）を示す。
  例 2：φ 152 × 120 は、直径×高さを示す。

はじめに

(Photo by ©Tomo.yun)

樹と動物は密接な共生関係にあり、人は樹木に畏敬の念を抱き、伐採し、その恵みをふんだんに享受して暮らしてきたと言える。

たとえば、有史以来人類はいろんな素材を見つけて工夫し、様々な道具を考え出し、暮らしを豊かにしてきたのであろうが、なかでも木は、身近な素材であり、また加工も容易で利用しやすい存在であったと思われる。

狩猟や食物調理の道具として、祈りの道具として、やがて住居のための素材として、木をふんだんに利用してきた。また、樹脂を採取して接着剤や防水塗料に用い、保存のための道具として役立てたり、不要な木材や枝を燃やして暖を取り、煮炊きの燃料ともなった。さらに灰は肥料として利用された。

南伊豆　撮影：倉前幸徳

木がもたらす実際的な効用だけではなく、豊かな緑、森林、水辺の風景、里山の風景など精神的な面でも人と木の繋がりは深く、幼い頃に見たなつかしい風景として記憶に残る人も多いだろう。

かつて日本は、都市部郊外の里山に多く見られた広葉樹などの雑木を伐採して造成し、一方で針葉樹をむやみに植林した。針葉樹、なかでも杉は約30年で育ち、日本家屋の在来工法柱材になり高度成長期に林業家は豊かになった。

ところが木材の輸入が活発になり、海外から安い材木がどんどん輸入され建築木材の価格が下がると、戦後のピーク時に植えた杉など、値段を下げられない木が放置され、現在も林業不振が続いている。

戦前にブナ征伐という言葉があったほど乱伐された広葉樹のブナは橅「木で無い」と書くが、現在では世界遺産のシンボルになるという矛盾を招いた。これは戦後の植林事情と林業の混乱を示す例といえる。

近年、地球規模で森林が減少しており、温暖化が懸念され、あらためて木の存在に注意を払う必要を感じ始めたようだ。しかし現実として、たとえばアマゾンの熱帯雨林の伐採や、政治的に不安定な地域での木材売買などはなくならない。

日本でも建物、家具などのリサイクルは進んでいるようだが、実際のところ安い家具の使い捨ては止まらない。それによって、樹脂を含む家具の焼却により多量のCO_2が放出されている。

樹木は育つ段階で二酸化炭素を吸収し、生物に必要な酸素を放出してくれる。1997年に開催された地球温暖化防止京都会議で議決された京都議定書では、たとえば木材のみを燃やした場合にCO_2を出すことになるが、その木が成長の段階でO_2を作ったことにより、プラスマイナスゼロとなるという考え方が盛り込まれている。それはとりもなおさず、樹脂を多く使う家具会社は樹木を植える義務が発生するということである。

現在では、すでに森林計画、森の活用など各地でシンポジウムが開かれ、関心は盛り上がりつつある。ここでは、こうした木材資源も視野に入れ、住環境を包括するエレメントの一つとして作品を提供し、その中で作る楽しみを求めるのがねらいである。

樹木から用材としての木材へ

サクラの皮のうつわ

1章

家具を知る

名作椅子を測る

名作椅子・実測工具・実測作業

1-1

●

名作椅子コレクション

世に名作椅子と呼ばれるものは数多くある。椅子は生活空間に欠かせない身近かな「道具（家具）」であると同時に、優れた「作品」としても位置づけられる。ここでは武蔵野美術大学美術資料図書館の近代椅子コレクションの中から、木工を学ぶという観点で22点選んだ。デザイン、機能、構造、素材など、すべての面においてバランスのとれた椅子を紹介する。

説明文は、武蔵野美術大学美術資料図書館 近代椅子コレクション「名作椅子に座る」展（1998年11月26日～12月8日、12月10日～25日）図録より引用

木製超軽量椅子
「スーパーレジェーラ」
デザイン：ジオ・ポンティ
初号製造年：1956
810（440）× 400 × 440
2.2kg、トネリコ材（布張り）

世界でもっとも軽い椅子である。弾力に富み、粘りがあるトネリコの木の特質が与するところも大きい。

「名称」
デザイナー
初号製造年
高さ（座面高）×幅×奥行き
重量、素材

※サイズはすべてmm表示

板造りの椅子
「レッド アンド ブルー」
デザイン：ヘリット・トーマス・リートフェルト
初号製造年：1918
870（230）× 660 × 830
9.6kg、ブナ材

一つのモデュールの部材を組み合わせるという造形理論に基づいて作られた。フレームとアームには2種類の角材が使われ、背と座面は板作りである。

板造りの椅子
「ジグザグ」
デザイン：ヘリット・トーマス・リートフェルト
初号製造年：1932
740（430）× 370 × 430
7.4kg、ニレ材

デザインと強度のぎりぎりのバランスを保つ。座の前部と床面の後部に隅木を入れ、組み手で接合されているので座るという機能は満たしているものの、やや強度に問題がある。単純明快なデザインで積み重ねること（スタッキング）ができる。

成形合板の椅子
「パイミオ」
デザイン：アルヴァ・アアルト
初号製造年：1931
650（300）×600×870
9.7kg、カバ材

背から座まで１枚の成形合板で作られる。側面の自然なラインが美しく、成形合板ならではの特徴である。座面は広い単板を大胆に曲げて作られており、当時としては成形合板の傑作の一つであろう。

成形合板の椅子
「イージーチェア No.406」
デザイン：アルヴァ・アアルト
初号製造年：1939
910（360）× 600 × 720
カバ材（革編張り）
片持ち構造（カンティレバー）

片持ち構造をうまく使い、椅子機能の充実を図る。カバ材を用い、強度に耐えるように、太くて厚いフレームで構成しているが、座面あたりで積層材一枚分だけ薄くしている。

成形合板の椅子
「バタフライスツール」
デザイン：柳宗理
初号製造年：1954
410（340）×420×310
ローズウッド材張り

同じ形の成形合板を左右に合わせてスツールに仕上げている。接合部は4つの面が支え合う形になり、安定している。

曲げ木
「ウィーンチェア」
デザイン：ポール・ヘニングセン（1927年リデザイン）
初号製造年：1870頃
780（450）×530×550
3.5kg、ブナ材（籐張り）

トーネットのなかでも代表的な椅子の一つ。各パーツが壊れてもその部分だけ交換可能で、長く使える。これが曲げ木椅子の特徴でもある。

削り出しの椅子
「No. 45」
デザイン：フィン・ユール
初号製造年：1945
825 (440) × 690 × 740
11.6kg、ナラ材（布張り）

ムク材の削り出しで仕上げられたアームの形態がたいへん美しい。先端は持ち出しにして脚と接合し、継ぎ目はさすり状になる。座り心地に優れる。

ムク板の椅子
「コノイドチェア」
デザイン：ジョージ・ナカシマ
初号製造年：1960
535（440）×570×900
8.3kg、ウォールナット材
片持ち構造（カンティレバー）

畳ズリという和風デザインで、シンプルに座と背で構成される。手削りのスポークが特徴である。

ロッキングチェア
「No.825」
デザイン：ミヒャエル・トーネット
初号製造年：1890
980（340）× 540 × 1020
ブナ材（籘張り）

アール・ヌーヴォー期の作品らしく優美な曲線を見せるが、その実、ボルトナットによる組み立て式で合理的な構造を持つ。量産性、運搬性を考えたデザインでもある。

ロッキングチェア
「ロッキングチェア」
デザイン：ハンス・ウェグナー
初号製造年：1944
1060（420）× 635 × 885
ブナ材

ハイバックの縦方向に並列するスポークの背とペーパーコードで編まれた座による最小限の構造ではあるが十分な強度を持つ。脚がロッキングのスライドにまたがる構造はシェーカー家具のリデザインである。

スタッキングできる椅子
「アームチェア No.8007」
デザイン：ルッド・テュエセン、
ヨニー・ソーレンセン
初号製造年：1981
670（410）× 540 × 455
3.7kg、ブナ材（布張り）

トーネットの曲げ木椅子「No.14」の現代版。成形合板によるスタッキングチェア。前脚は成形合板、後脚は駒の入ったラケット構造で、座枠に打ち込み接合する。

作業用椅子
「バランスバリアブル」
デザイン：ペーター・オプスヴィック
初号製造年：1979
510 × 520 × 720
6.4kg、ブナ材（布張り）

人間工学に基づき設計、デザインされたバランスチェア。背骨に負担をかけず、長く座っても疲れない椅子となっている。

子供用椅子
「トリップトラップ」
デザイン：ペーター・オプスヴィック
初号製造年：1972
780（440）× 460 × 490
ブナ材

子供の成長に合わせ、脚の高さ、背の高さが変えられる。

折りたたみの椅子
「アームチェア」
デザイン：モーゲンス・コック
初号製造年：1960
880（745）× 530 × 500
（キャンバス張り、革製アーム）

1930年代、小住宅のために考えられた独創的な折りたたみ椅子である。座の四隅にあるリングが脚に沿って上下して折りたたまれ、左右脚を繋ぐX状のステー先端にあるリングは折りたたまれるに従って回転する。

スポークチェア
「あぐらのかける椅子」
デザイン：豊口克平
初号製造年：1962
800（320）×790×670
8.6kg、ナラ材（布張り）

座面が低く広く、背は高く、あぐらがかけるようにデザインされ、「あぐら椅子」とも呼ばれる。日本の住空間、生活様式への提案型デザインである。

スポークチェア
「ピーコックチェア／アローチェア」
デザイン：ハンス・ウェグナー
初号製造年：1947
1065（355）× 780 × 755
トネリコ材

背の外周は当初成形合板だったが、現在は曲げ木で作られる。トネリコ材を漂白し、無公害のソープフィニッシュで仕上げ、軽さを出す。

3本脚の椅子
「アームチェア No.PK-11」
デザイン：ポール・ケアホルム
初号製造年：1957
650（410）× 640 × 450
トネリコ材（革張り、スチール平板）

座は革張り、脚はスチール、アームはトネリコのレンガ積み集積材で、積み重ねのラインが装飾的な効果を見せる。デスクに合わせてデザインされた。

異素材を組み合わせた椅子
「アントチェア」
デザイン：アルネ・ヤコブセン
初号製造年：1952
770（440）×480×480
3.0kg、ブナ材、チーク材貼り（スチールパイプ）

初めて背と座まで一体成形した、三次曲面の成形合板の椅子。9枚のベニヤを交差させながら型に入れプレスしている。板材を三次曲面に成形すると歪みが生まれるが、その部分を削り取った結果、この形となった。スチール製の脚は量産できる。

ウェグナーの名作
「Yチェア（ウィッシュボーンチェア）」
デザイン：ハンス・ウェグナー
初号製造年：1950
730（470）×580×530
4.3kg、オーク材（紙紐編み）

ウェグナーの代表作であり、一般的にYチェアと呼ばれる。後脚は曲げ木による三次元曲線に見えるが、実際は板材から切り出した二次元曲線の部材を傾斜させ組み立てている。

シンボリックな椅子
「ウィロー」
デザイン：チャールズ・レニー・マッキントッシュ
初号製造年：1904
1190（420）× 960 × 430
26.3kg、トネリコ材（布張り）

ウィローティールームのためにデザインされた。大きな半円形の背はパーテーションの役割を果たし、圧迫感を和らげるため格子状に組まれている。同時に店の名であるウィロー＝柳をシンボライズしたデザインとなっている。

1-2

●

名作椅子を実測する

実測製図作業の意味は実際に市場で販売されている家具を目の前に置き、mm 単位で計測し正確な寸法を把握することにある。時には実際に持ち上げて重量を体感することにも意味がある。一般に展示されている家具は、フォルムは目に焼き付けられるが実際の寸法は、イメージとかなり違っていることが多い。とくに座と背の角度や笠木の位置、座の高さ広さなど数値を記録しておくとよい。

　名作椅子実測作業のカリキュラムでは、武蔵野美術大学美術資料図書館近代椅子コレクションの椅子を実測することになる。本物に触れるよい機会であり、学ぶこと、気づくことが多いと思うが、貴重な作品が多いので取り扱いには注意を払うこと。とくに計測作業ではノギス、鋼尺など金属製の機器類を接触させることになる。細心の注意が必要である。

マスキングテープなどで養生してノギスを使う

●実測工具

定盤《じょうばん》

歪みのない盤。一般的には鋳物材、石材だが、家具計測の場合は製図板を代用として使う。

水平器

水平を定める。垂直を出すことも可能だが、現在はレーザー水準器があり、より簡単で正確に垂直、水平を得ることができる。

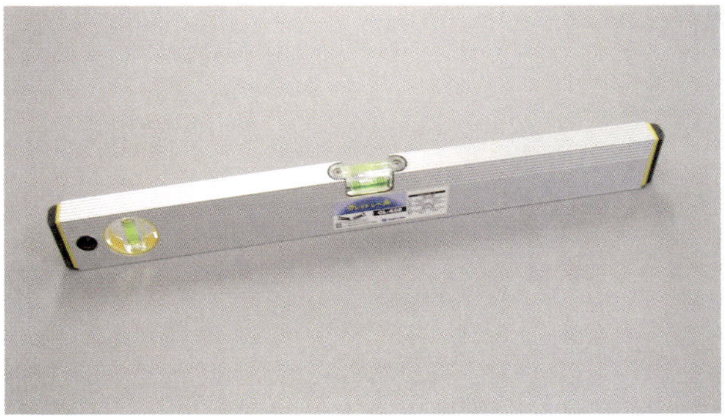

下《さ》げ振《ふ》り

垂直を定める。

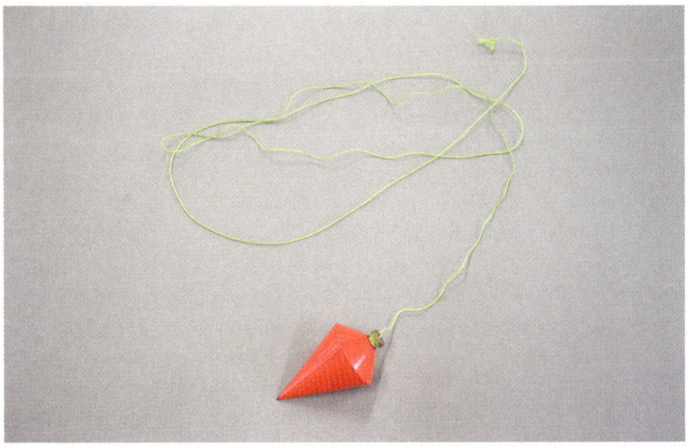

ノギス

立体物の大きさを計測する工具。1/10mm の精度まで計測可能。家具計測の場合は 1/1 で行う。

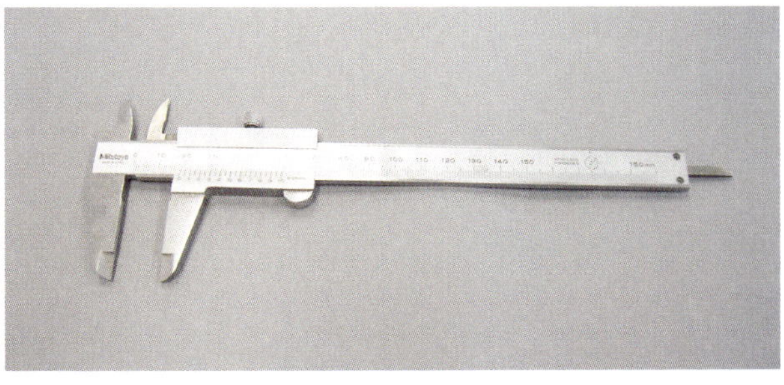

鋼尺《こうじゃく》

平面の長さを計測する。

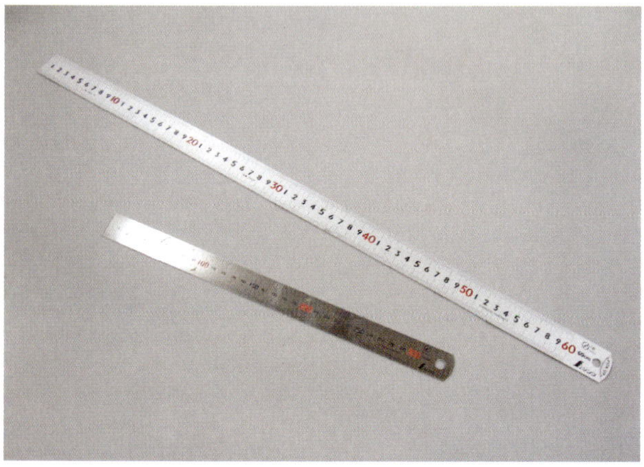

アール(R)定規（1.）とアールゲージ（2.）

凸部の半径、凹部の半径を計測する。

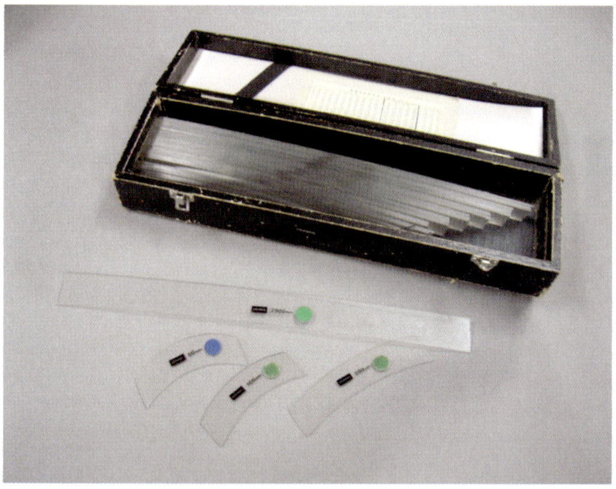

1.

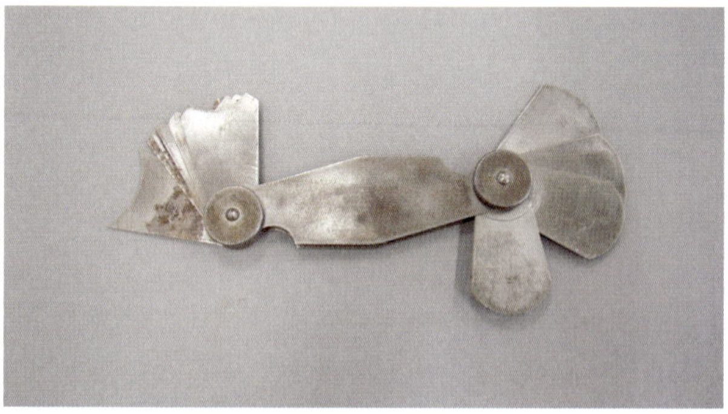

2.

自由定規

自在に曲線を写す定規。

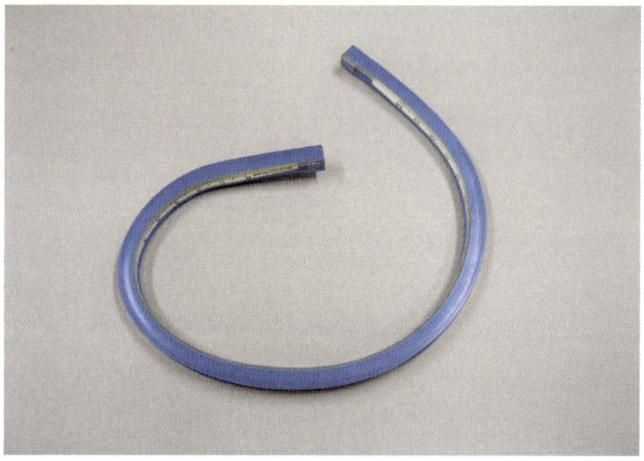

角度定規

分度器、勾配定規、三角定規など。

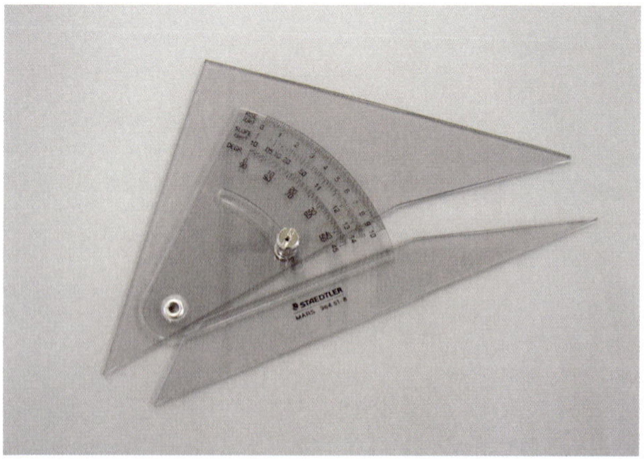

スコヤー

直角を定める。

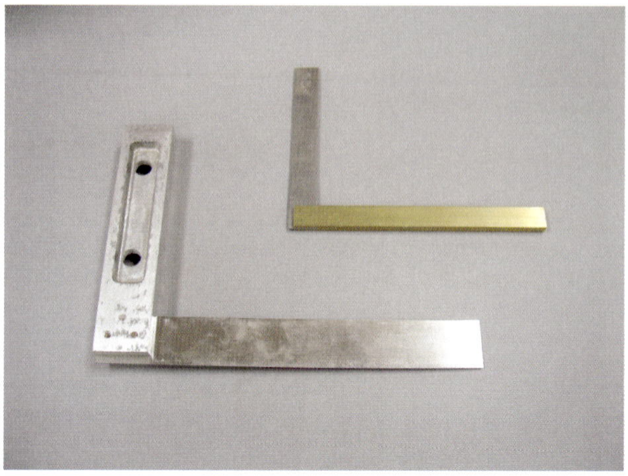

●実測作業

1. 定盤を水平に設置する。水平器を使い水平と垂直を出す。ベニヤなどの緩衝材を下にあてがい水平に調整する。この面が製図を書く時のグランドライン（Ground Line）となる。定盤に用紙を貼り、基準線となる中心線とそれに対する垂直線を書き込む。一定のグリッドの水平線、垂直線のある方眼紙を用いると便利である。

2. 計測される椅子を定盤の上に設置する。この場合、基準線となる中心線と椅子の中心とを正確に合わせて設置する。

3. 基本の計測は平面図に当たる部分から行う。用紙にじかに置いた脚の底部はそのまま用紙に書き込み、下げ振りを用い椅子上部の位置を用紙に書き込み計測する。

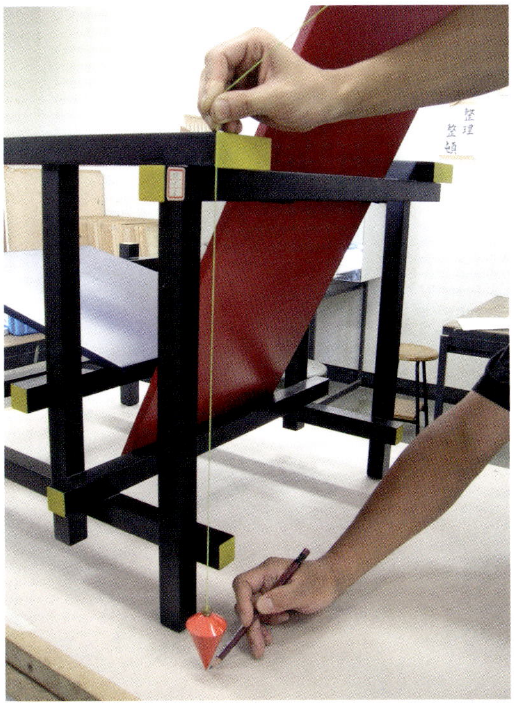

4. 1/5 程度のおおよその三面から見た姿図を描き（p.22 図4）、そこに計測した値を書き込み記録する。

5. 高さの計測は、鋼尺と三角定規、下げ振りとを併用し、鋼尺が斜めにならないよう垂直の状態で計測する。

6. 1～5の工程で間口、奥行き、高さ、座面の高さなど大まかな全体値を計測後、部分的な箇所を計測する。椅子は一般的にはシンメトリーであるため平面、側面に関する部分的計測は片側だけで行う。

7. 仕口《しくち》の内部など外側から見えない部分の構造や枘《ほぞ》の大きさは、外部の構造や貫《ぬき》の大きさなどから推察する。

8. 成形合板などの場合は、重なった板の厚みや枚数なども正確に計測する。

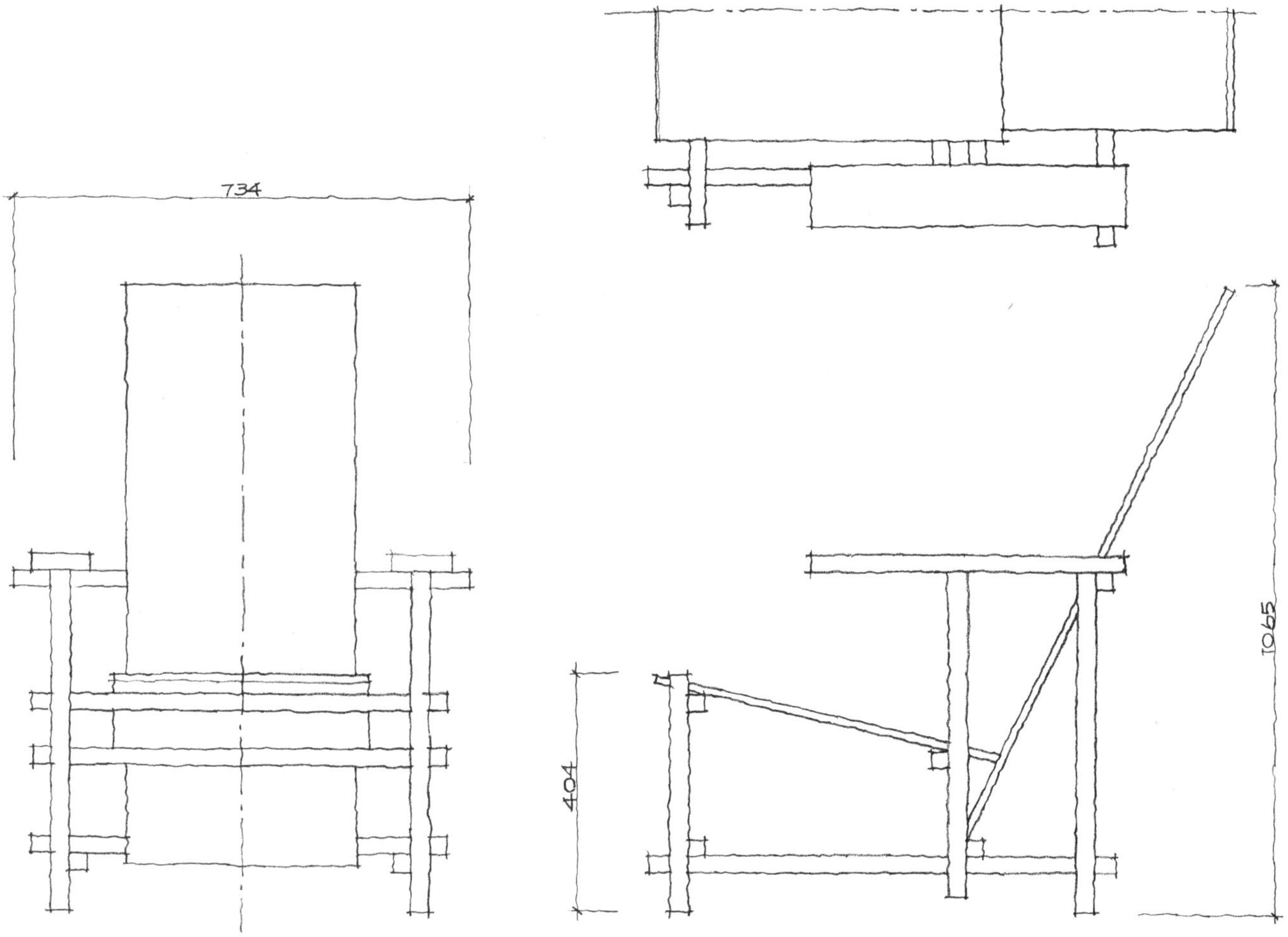

4.

9. 場合により四方転《しほうころ》びと呼ばれる三次元に傾いた箇所（9-3 の脚部）の計測は、平面の状態から（9-2、9-3 の点線の円部分）二次元の位置（A 方向）を見つけ、そこから立面に展開し計測する。この場合、原寸図に描き起こす時は部分図として別枠で記載する。

左から、9-3、9-2、9-1 のイメージ図像

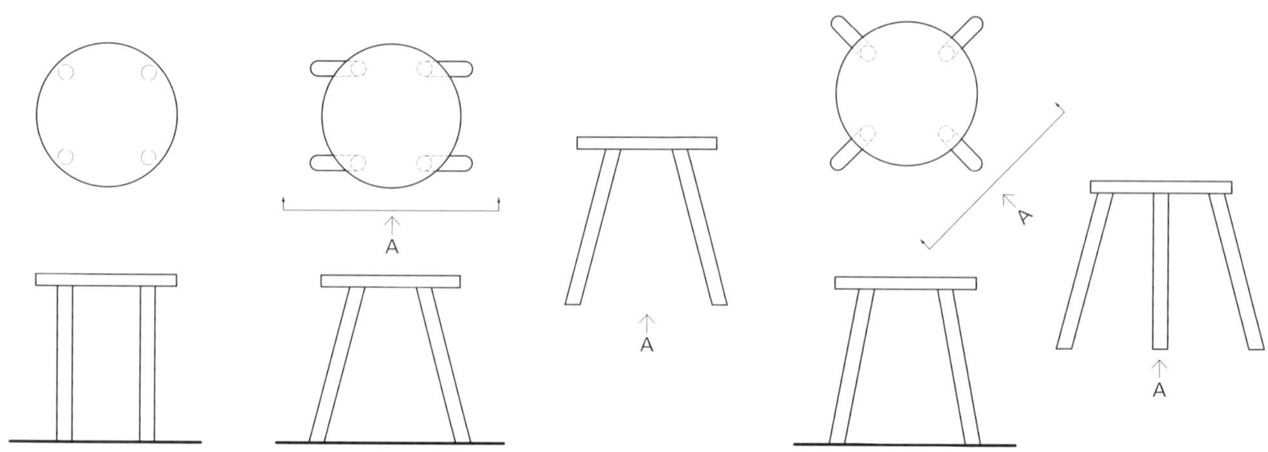

9-1. 垂直丸棒

9-2. 二方丸棒

9-3. 四方丸棒

10. 三次曲面のある座面などの計測は、間口、奥行きにマスキングテープを適当な間隔で貼り、各部位をR定規で計測する。

11. 座面を含め、素材の種類や仕上げの塗装、色を記録する。木目に特徴がある場合は、板目《いため》、柾目《まさめ》の違いと、目の方向を記録する。

二次曲面の図

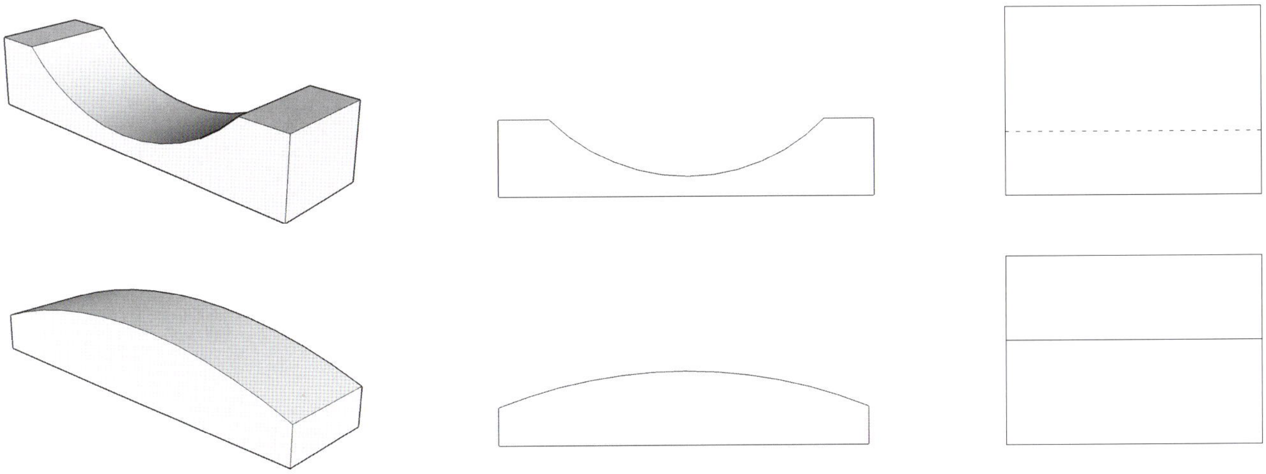

透視図　正面図　側面図（拡大）

三次曲面の図

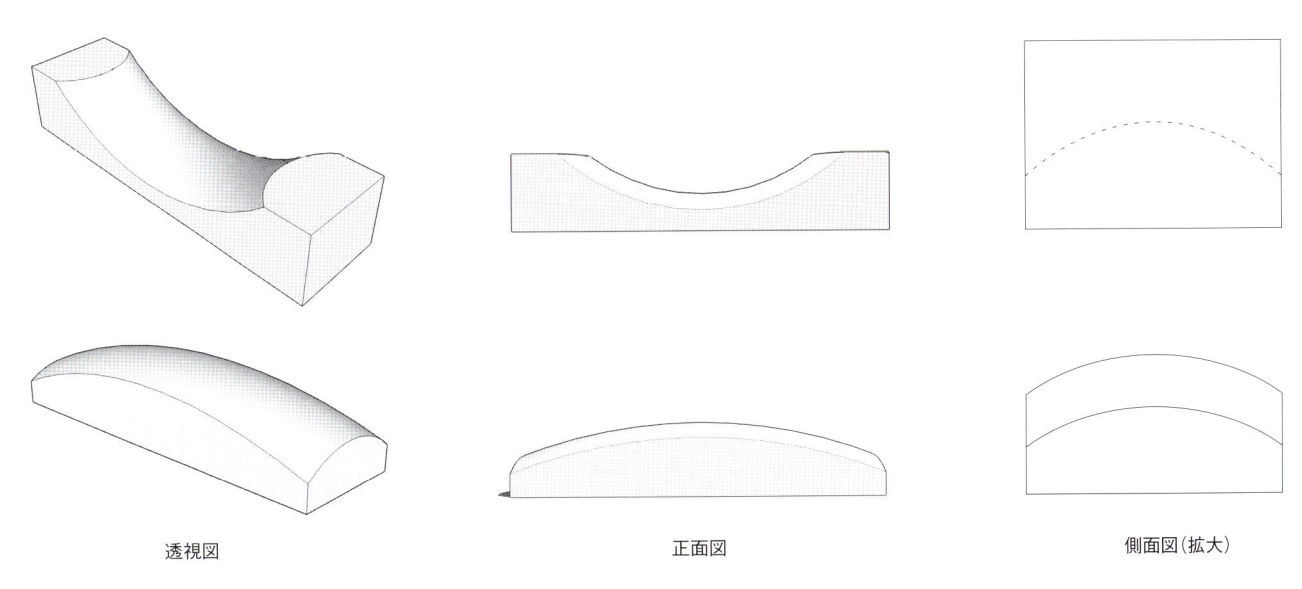

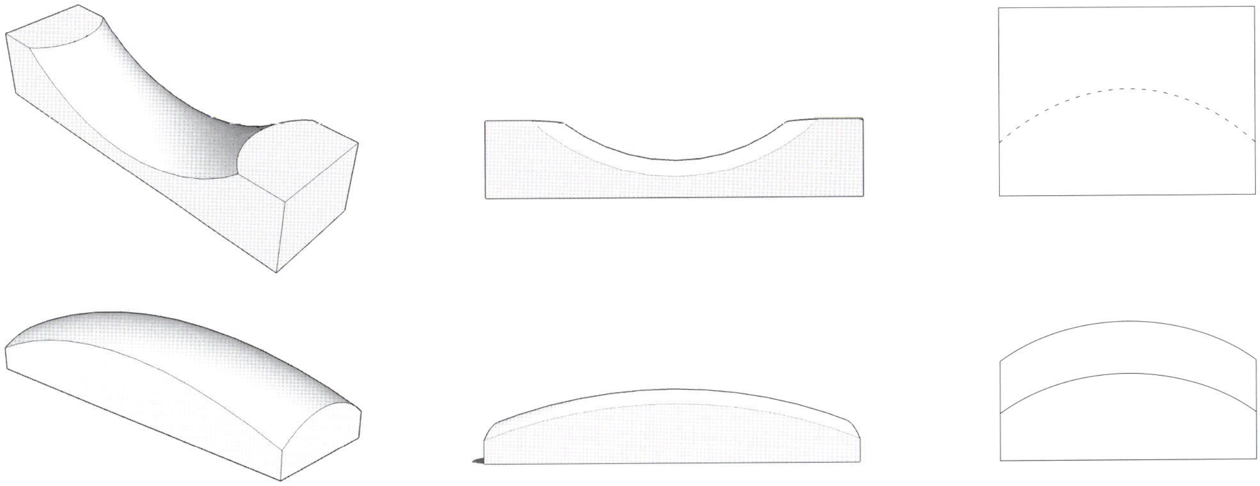

透視図　正面図　側面図（拡大）

1-3

●

名作椅子の原寸図を描く

自分で作る椅子の原寸図を描く前に、シミュレーションとして実測した名作椅子の原寸図を描く。平面図、正面図の重ね方や省略方法、また側面図のわかりやすいレイアウトなど全体のバランスを確認するためのトレーニングと位置づけたい。

リートフェルト「レッド アンド ブルー」と、原寸図（下）

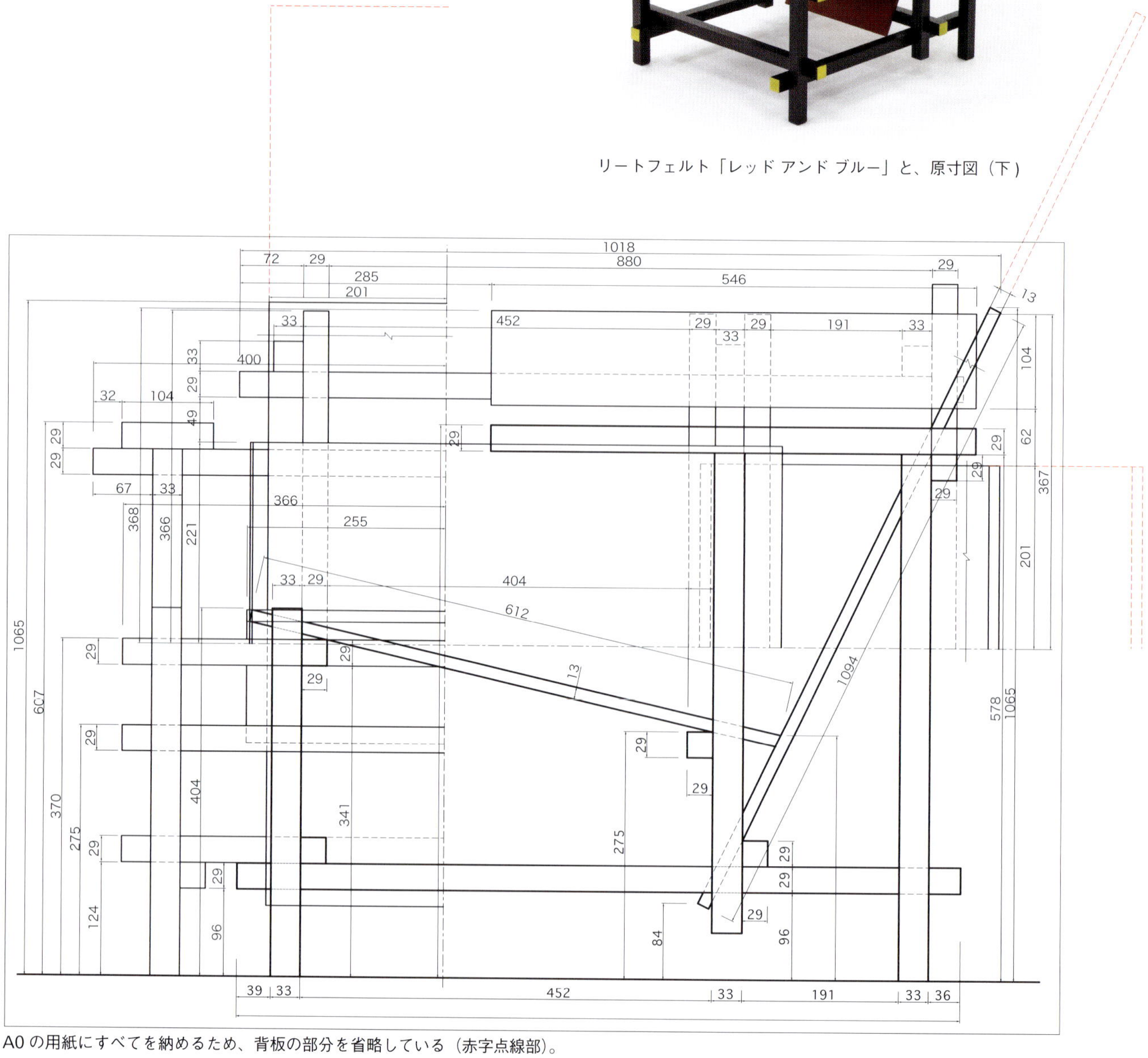

A0の用紙にすべてを納めるため、背板の部分を省略している（赤字点線部）。

2章

アイデアから
モデル制作

コンセプト→アイデアスケッチ→ 1/5 三図面→ 1/5 モデル

2-1

●

椅子とテーブル

制作の基本となるプランニングからデザイン、モデル制作を学ぶ。どんな椅子やテーブル、収納家具を作りたいのか、アイデアやイメージを形にするための大切な作業である。まず市場調査を行い、その結果に基づくコンセプトの構築から1/5モデルの制作までをここで説明する。実制作の後、この過程をまとめ、自分の創作と制作について発表するプレゼンテーションがあるので、テーマを持って作業を進めよう。

［1］コンセプトの構築

作品をデザインする基本は、対象となる多くの作品を見ることに尽きる。その中でも名作と呼ばれる椅子に注目し、どこがどのように名作であるのか項目立てて考えることが大切だ。身の周りに優れた工芸品は数多く存在する。その中から自分なりの名品を選び出してみよう。その際に、いくつかの条件を書き出して整理する。

椅子の場合、①立体作品としてのスタイルの美しさ、②生活道具としての座りやすさ、③量的に生産しやすい構造であるかどうか。これらのテーマごとにラフスケッチなどを添えてファイリングし、自分なりの優先順位をつけ、なるべく具体的にイメージを描く。

次に、④椅子を置く空間を想定する。洋風か和風か、私的空間で使うのか、あるいは商業スペースで使うのか、公共の場で使うのか。そういったことを検討し、まず紙に描き出すことが大切だ。このような学習方法を普段から行うことはデザイナーとしては当然のことである。

樹種により木目《もくめ》の表情や色、硬さ、強さ、価格などが違うことから、この工程中に、ある程度、木材の種類を考えながら行う必要がある。

コンセプト構築のためのディスカッション

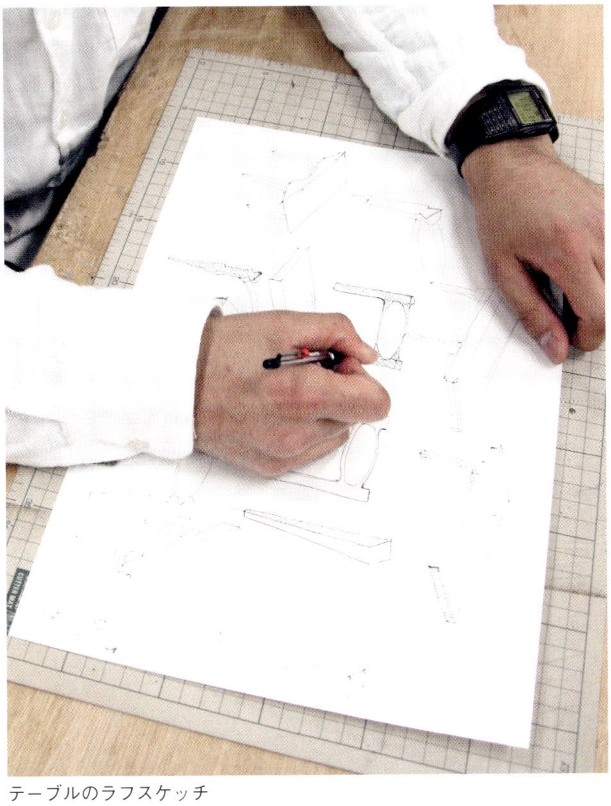

テーブルのラフスケッチ

スツールのラフスケッチと 1/5 モデル

［2］アイデアスケッチをまとめる

コンセプト構築で設定した理論や考え方、イメージをスケッチで表現し確認する。まずはラフなスケッチをなるべく多く描き、イメージを徐々に固め、最終的には正確なパースに従った全体像やディテールを描き上げる。ここで提案する椅子は、ムク材で作りやすく、かつ基本的な加工技術を習得するための要素を備えたデザインとなっている。テーブルも同様である。

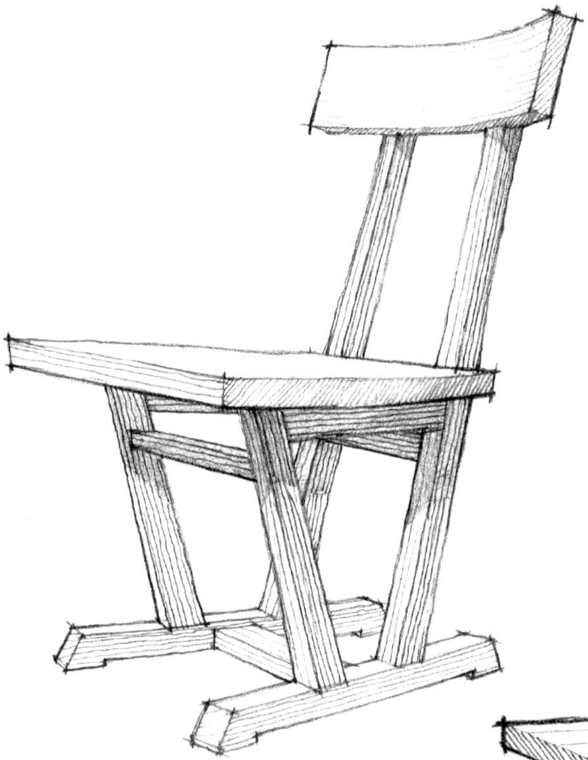

椅子のアイデアスケッチ

［3］1/5 三面図を描く

椅子デザインの決め手はバランスのよいプロポーションにあろう。テーブルは、脚部に特徴を持たせることを考えよう。

まず横から見た絵を描く。これは側面図になるが、同時に正面から見た絵、とくに背もたれに特徴を出したものを添えて立体的にスケッチしてみる。さらに構造上必要な貫《ぬき》もラフスケッチに加えて自分の椅子としてまとめてみる。

数点のアイデアから１点に絞り、そのデザインをもとに 1/5 スケールの三面図《さんめんず》を描く。1/5 三面図はアイデアを形にする第一段階であり、１本の輪郭線（アウトライン）で三方向から平面的に描き出す。アイデアスケッチでは具体的な形や寸法がないので平面図、正面図、側面図という三方向から平面的に見た図、すなわち三面図を描く。構造的な強度や各パーツのボリュームと、パーツ同士の納まりを検討しながら作業を進める。とくに全体のバランスや人間工学的整合性を確認することも重要である。

テーブルのアイデアスケッチ

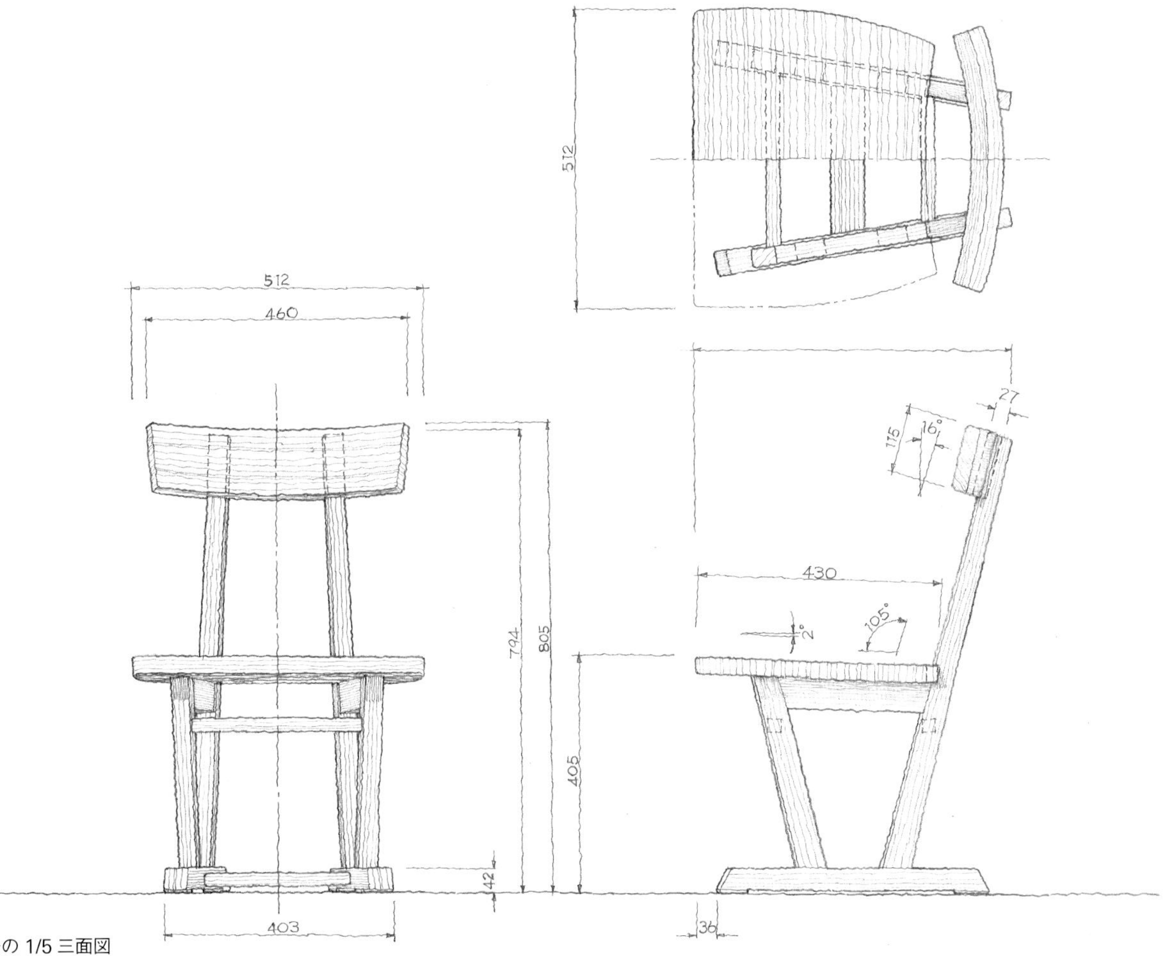

椅子の 1/5 三面図

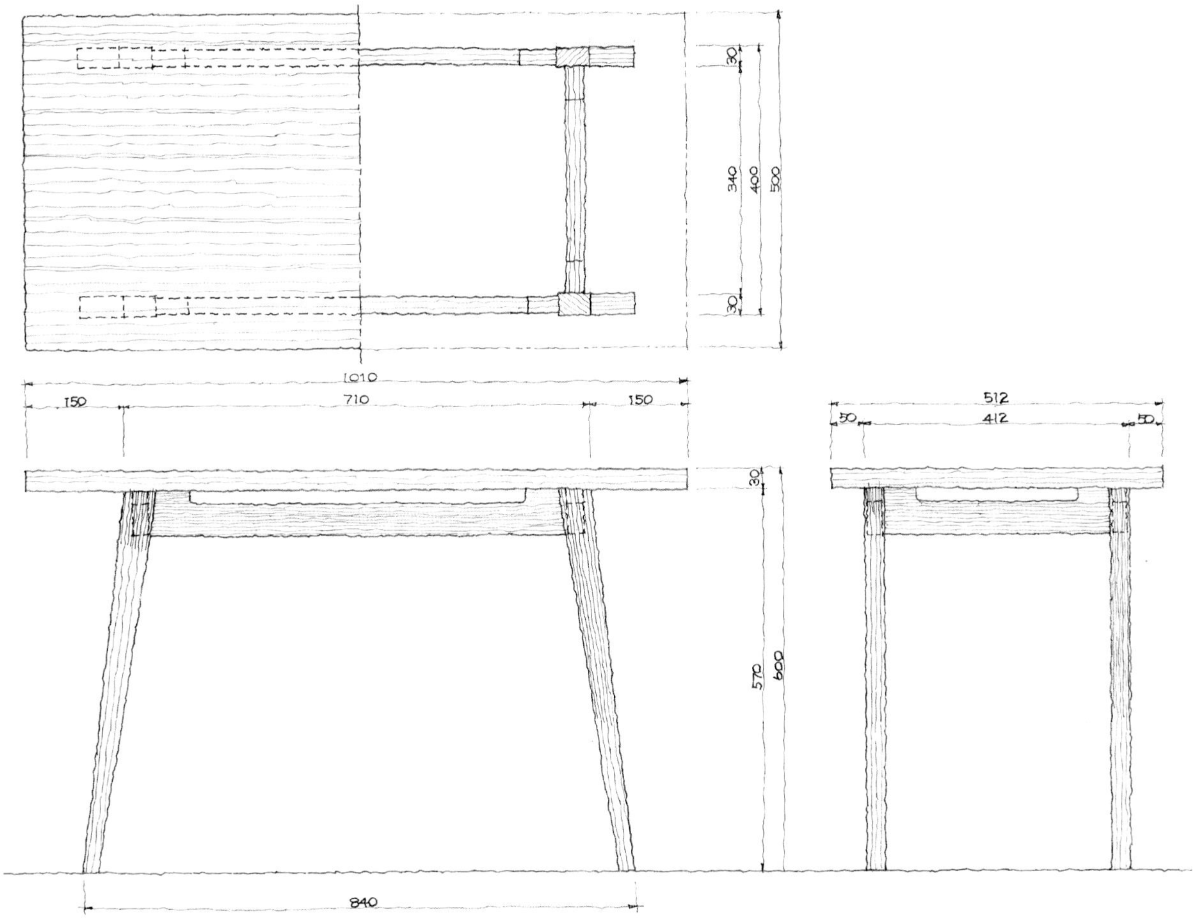

テーブルの 1/5 三面図

［4］**1/5 モデルを制作する**

1/5 三面図をもとにバルサ材（構造により厚紙や粘土）を用い、正確に制作する。ここで初めてデザイン検討作業が三次元の立体として表現される。立体であるモデルを見ながら改めてコンセプトの内容、構造、プロポーション、バランス、各部位の納まり等々の条件を検討チェックする。

デザイン作業では、以上の工程を一度で最良かつ満足するものに発展させるのは難しいので、再度検討し、その結果、問題のある工程に差し戻し、何度か同じ工程を繰り返す必要がある。モデルを作ってからもう一度確認し、1/5 三面図を描き直すこともある。改良モデルを作る手間を惜しまないことを学ぼう。

椅子の 1/5 モデル

テーブルの 1/5 モデル

ABLE』：山西輝

学生
ンテ
制作
状の組
ローテー
ルナット と
う異なる明
て組みのパタ
さらに構造
脚が核《さね》を中心に
れらの組み方にも
れている。スリッ
の可能性を、デザイ
の二方向から追求した
このようにコンセプ
ることで、見る人に何を
ているのか説明しやすく
れは作品のデザインをうま
め完成度を上げることにも繋
また、プレゼンテーション
分の考えを的確に相手に伝える
とによって初めて、コンセプトや
作品に対する正しい評価や意見を
得ることができる。アイデアから
実作への過程を再検証する重要な
作業である。

+ 貫 =

っている。

異なる明度・彩度の木材を使うことで、組みを強調したパターンを意匠的に見せる。

脚のデザインは全体の統一感を保つために、天板の羅列から織り込んできたイメージにした。

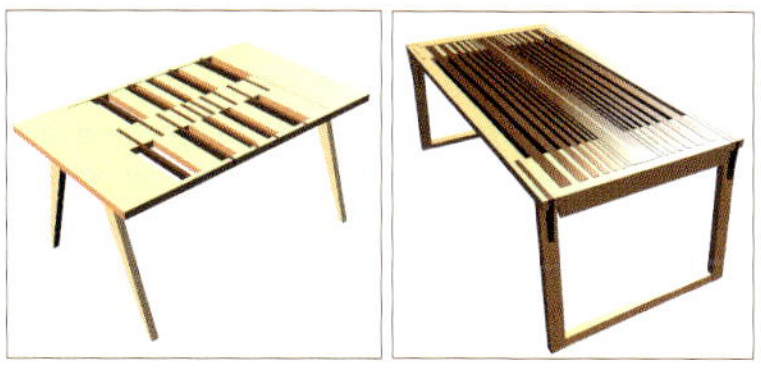

ローテーブルの制作を決めてからは、木材の組み方をテーマにデザインを進めてきた。作業用のテーブルではないので、天板にも大胆な組みを取り入れた。

P I L
T A B L E

CONCEPT スリット状の組み方を前面に押し出したローテーブル。
・組みのパターンを見せる天板
・脚と貫の新しい組み方
意匠　と　構造　をテーマにした作品

写真・工芸
注文カード
貴店名
注文部数 冊
注文日 年 月 日
9784901631853
木工 樹をデザインする
十時啓悦／監修
武蔵野美術大学出版局
TEL:042-342-5515 FAX:042-342-9542
ISBN978-4-901631-85-3
C3072 ¥3000E
本体価格 3000円＋税

2-2

●

収納家具

椅子は手軽に動かせるが、収納家具は置き場所が固定され、壁面の一部となることが多い。インテリアの一部と考えデザインすべきだろう。家庭で使う場合は、身の周りの生活用品のサイズや重さなどを調査して設計する。長く使う場合、ほこりが入りにくく、掃除しやすいといった点も考慮すべきである。商業施設などではオブジェ的要素を持つ、あまり実用的ではない家具もある。実用的ではない形のおもしろさやアイデアを創作のヒントにすることもできる。また、単一のユニットを組み合わせ、連結して使うシステム収納の考え方も参考にするなど、幅広いリサーチが必要である。ここでは通信教育の教材として最小限の機能を持ち、簡単な加工で制作できるデザインを選んだ。とはいえ、引き出しと扉が付いているので収納家具制作工程を学ぶうえで必要な機能を備えたものとなっている。

［1］コンセプトの構築

椅子と同じようにコンセプトをまとめ、イメージをラフスケッチし、デザインを一つに絞り、1/5 三面図を描く。1/5 モデルでは扉や引き出しまで正確に作ることが大切だ。

［2］アイデアスケッチをまとめる

［3］1/5 三面図を描く

アイデアスケッチ

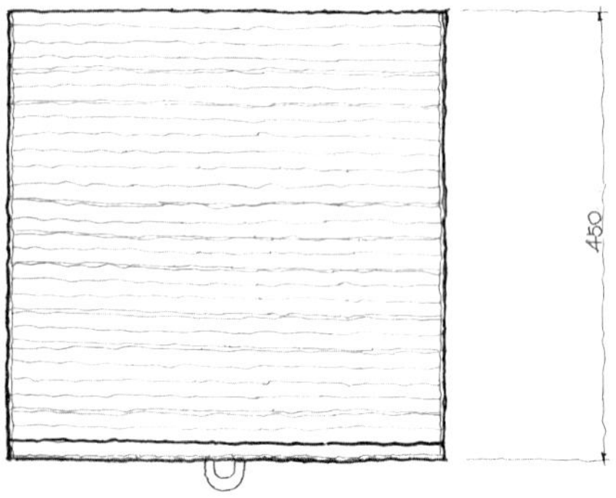

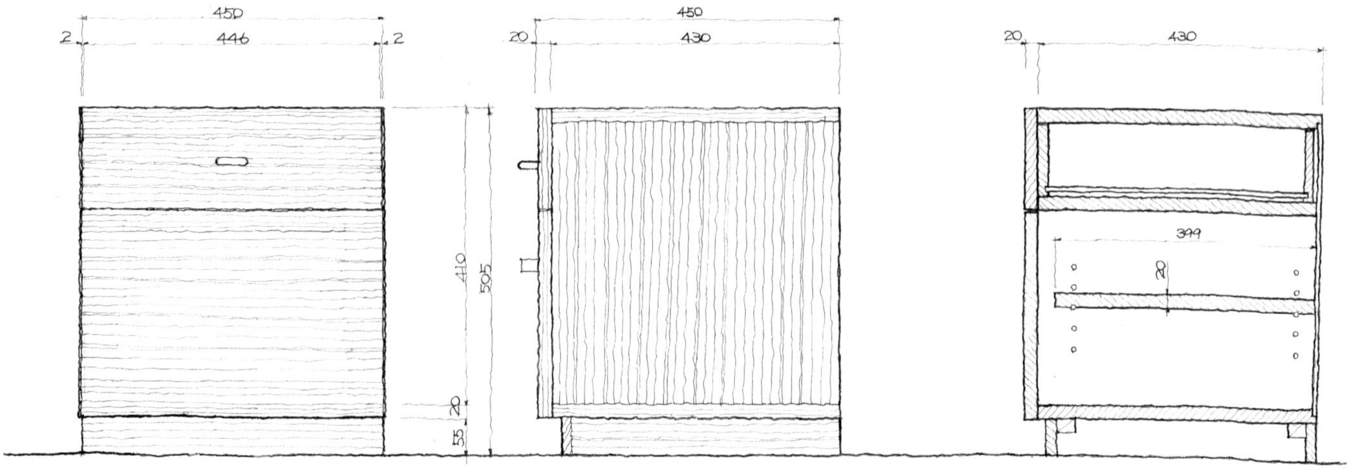

1/5 三面図

［4］1/5 モデルを制作する

収納家具の 1/5 モデル

嘉悦翔子　2008

阿部大輔　2006

学生作品

廣瀬芳郎　2008

清水映　2008

漆畑匠　2003

長津徹　2004

3章

制作準備

原寸図・木材・工具

3-1

●

原寸図を描く

コンセプトを決め、アイデアをまとめ、それをもとに自分がデザインした椅子と収納家具を制作するための準備である。2章で制作した1/5三面図をもとに1/1スケールで三面図を描く。一般的に家具製図の場合はA0の用紙1枚に正面図、側面図、平面図の三面を描き込むので、構図や省略箇所などをよく検討して描き始める（p.24参照）。さらに必要であれば詳細図を描き入れる。

あくまでも第三者を意識し、わかりやすく明快な図面を描くことが重要だ。実制作前の準備として必要な「アイデアスケッチ」「1/5三面図」「1/5モデル」「原寸図」の四つの要素を、それぞれ椅子、テーブル、収納家具、器物ごとにまとめて提示する。

1/5 モデルと原寸図

細部の描き込み

原寸図側面図

原寸図正面図

1/5 三面図、原寸図

アイデアスケッチ、1/5 モデル、原寸図

椅子制作の準備

1. 椅子としての強度を得るための仕口《しくち》部の大きさや位置、そして各パーツの取り合い、納まりを考慮する。

2. 椅子の人間工学的な数値も参考に、座面の高さ、座面角度、背の角度などに留意しながら描く。

3. 木目の縦方向・横方向によって木材の強度は異なる。注意が必要である。目切《めき》れには十分注意し、その位置と大きさを検討する。またデザイン的に必要ならば、場合によっては図面に木目の方向を描く。

1/5 三面図

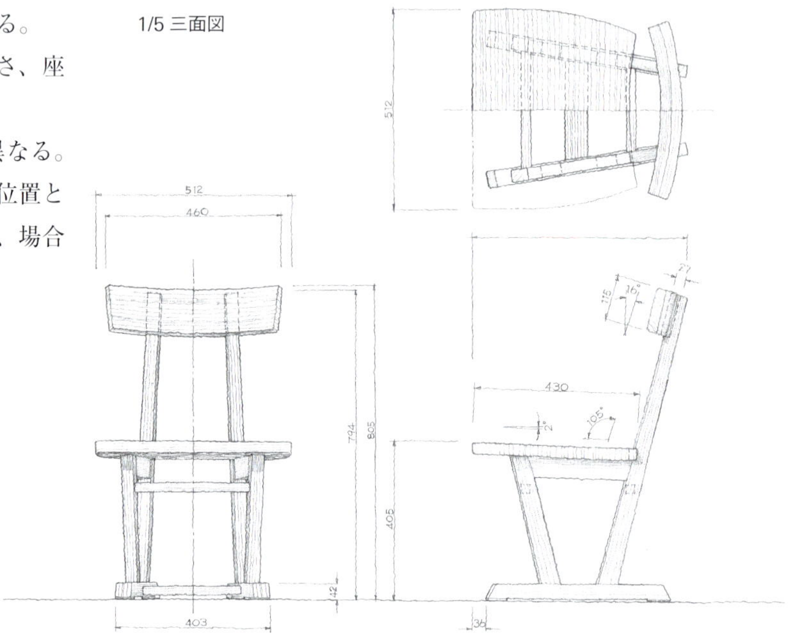

アイデアスケッチ

1/5 モデル

完成作品

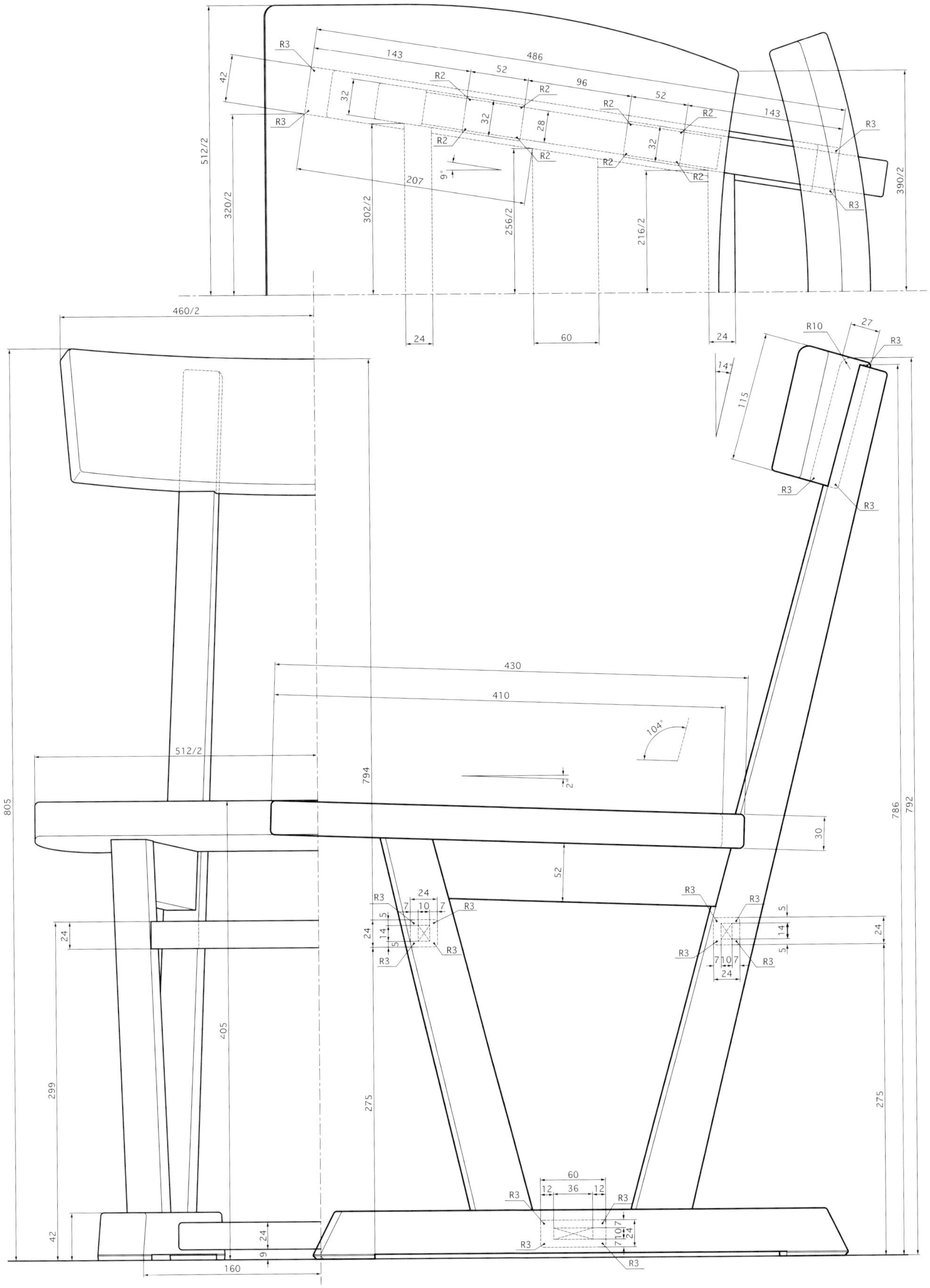
R3
143
486
52
96
52
143
R2
R2
R2
R2
R3
42
32
32
28
32
R3
R2
R2
R2
R2
R3
9°
207
512/2
320/2
302/2
256/2
216/2
390/2
24
60
24
460/2
R10
27
R3
14°
115
R3
R3
805
794
430
410
104°
2°
512/2
786
792
30
52
R3
24
7 10 7
R3
5
24
14
5
R3
R3
R3
R3
5
14
24
5
R3
R3
7 10 7
24
24
299
405
275
275
60
12 36 12
R3
R3
7
10
7
24
R3
R3
42
24
9
160

原寸図

収納家具制作の準備

椅子と同じく、図面のレイアウトを慎重に考えたい。A0 紙の大きさに入り切らない場合はカットすることになる。省略箇所も同様に検討して描き始める。

たとえば p.24 で紹介した名作椅子「レッドアンドブルー」の原寸図では、背板部が紙に入らないため省略し、その部分を赤い点線で示している。部分断面図や部品図またフラッシュ構造の図も必要であれば描き入れる。

アイデアスケッチ

1/5 三面図

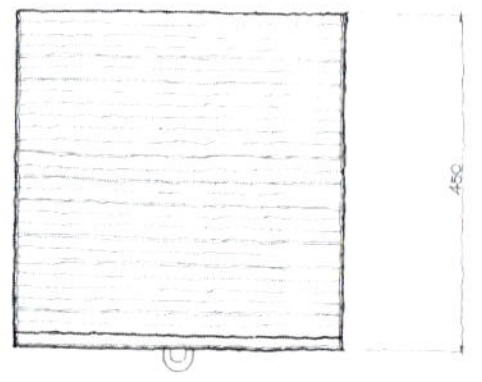

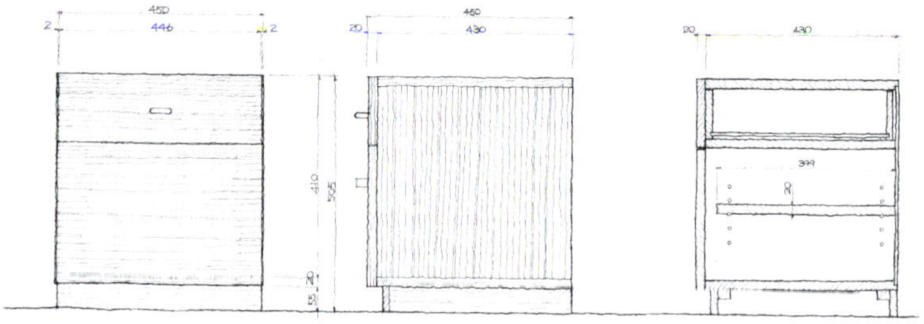

1/5 モデル

完成作品

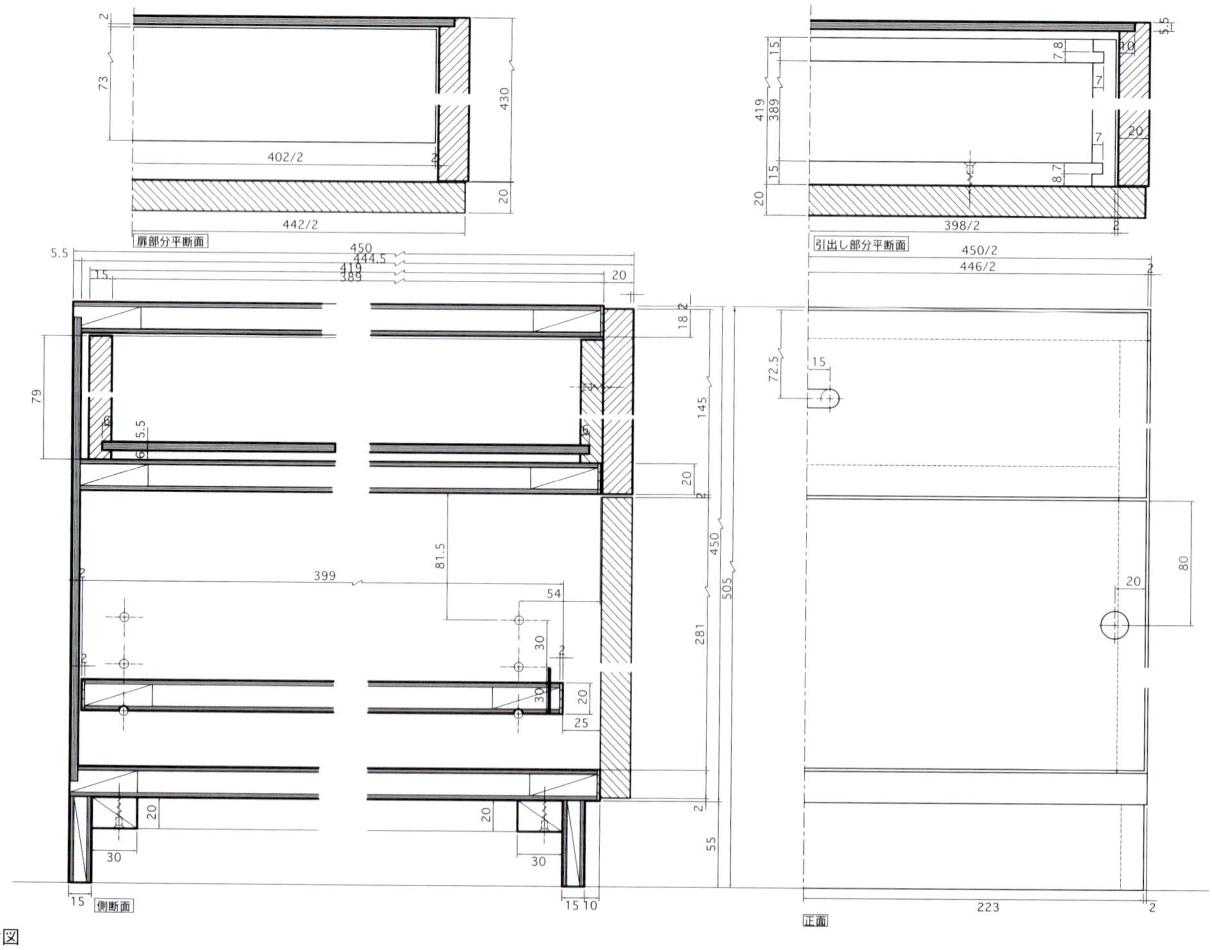

原寸図

テーブル制作の準備

テーブルの1/5三面図では天板右半分が省略されている。また1/5三面図から原寸図に展開する際は、1/5三面図・側面図の左側が省略されていることがわかる。省略する時は、1/5三面図の配置の内側を省略することが基本的なルールとなっている。

アイデアスケッチ

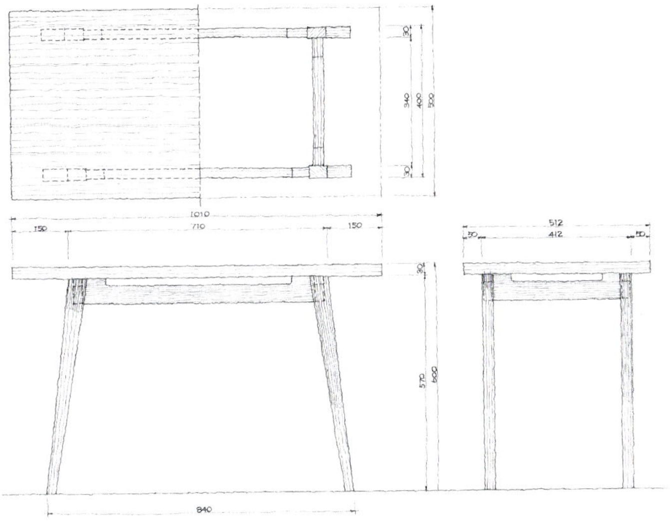

1/5 三面図

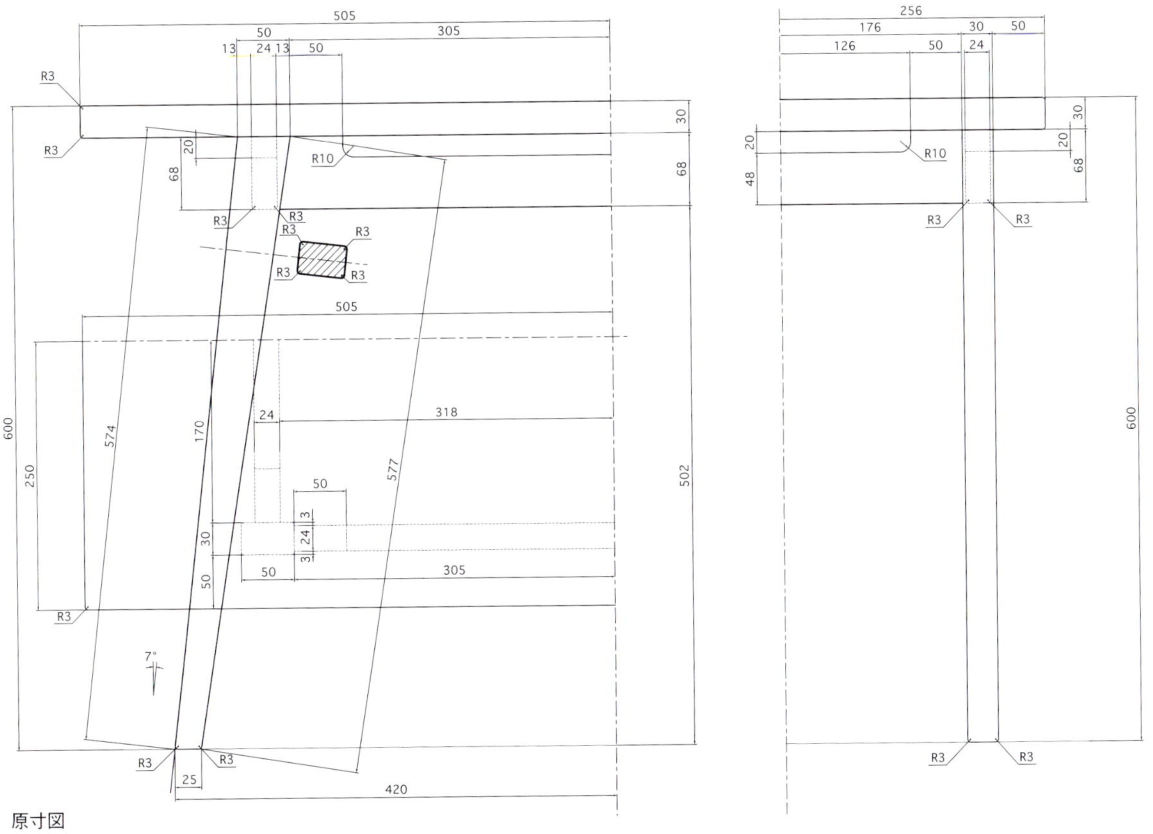

原寸図

1/5 モデル

完成作品

器物《きぶつ》制作の準備

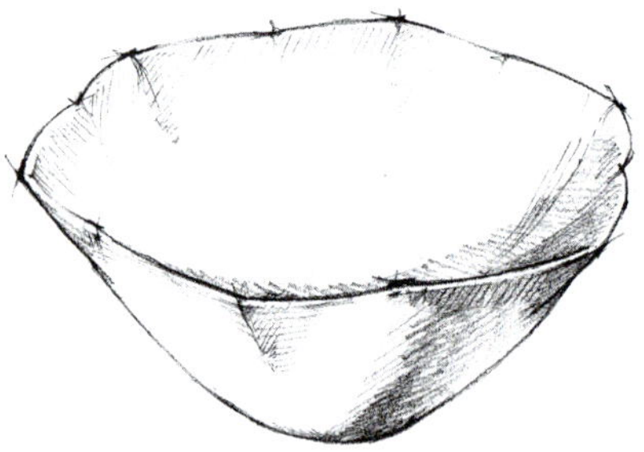

アイデアスケッチ

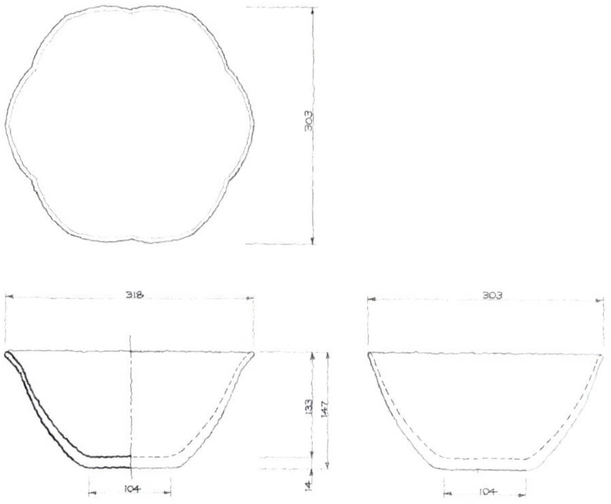

1/5 三面図

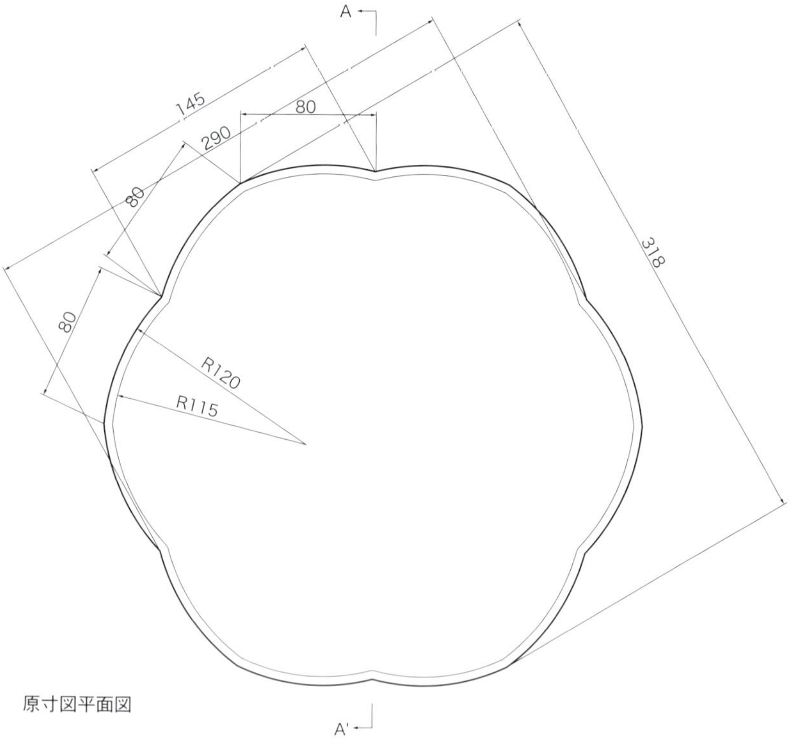

原寸図平面図

完成作品

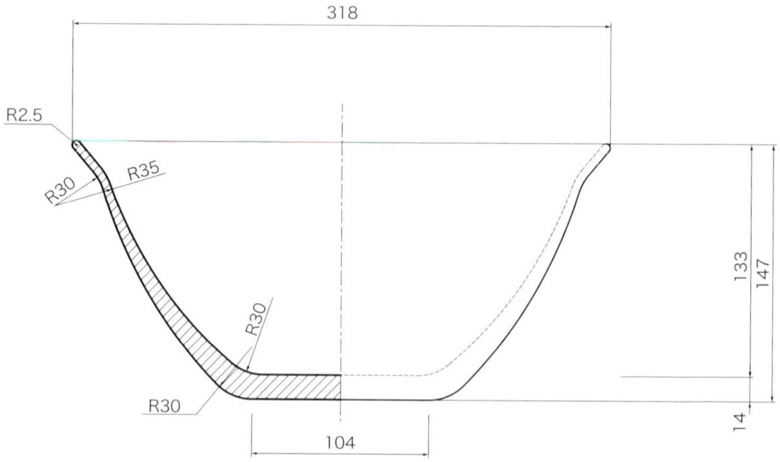

原寸図 B 断面図

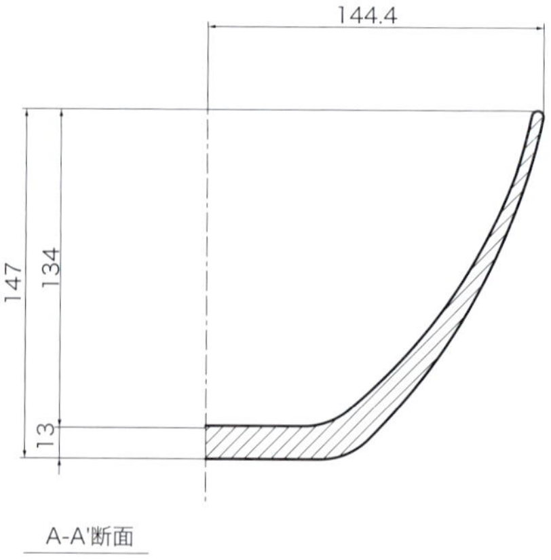

原寸図 A 断面図

3-2

●

木を知る

木の組織はセルロース、ヘミセルロース、リグニンとよばれる長い細胞でできていて、幹の中心部は珪素《けいそ》を含み、外側は有機質で構成されている。単純に考えれば長いパイプを束ねた状態で、おもに水分や養分を運ぶ管の役割をしている。伐採した段階で水分、樹脂分が抜けていき、やがて乾燥していわゆる木材となる。木材は粘土や金属、ガラスとは異なり、繊維の束であることを意識し、制作のためのアイデアに進もう。

●針葉樹と広葉樹

木は大きく分けると針葉樹と広葉樹の二種類になる。葉の形状からそう呼ばれるが、植物学的には、木質組織の中にある、導管という水分や養分の通る管の違いによって分かれ、しっかりとした導管を持つ広葉樹と、仮の導管（仮導管）を持つ針葉樹とに分類される。したがって広葉樹は針葉樹に比べ、より進化した植物とも言える。

針葉樹には代表的にヒノキ、マツ、スギなどがあり、一部を除きおもに建築用構造材として用いられ、加工上の軟らかさから俗に軟材と称される。広葉樹にはケヤキ、ナラ、ブナなどがあり、おもに家具、器物など生活用具の材料に用いられ、その硬さから硬木と称される。

広葉樹は、木質組織に導管が散在的に配置された散孔材と、導管が年輪に沿い規則正しく配置された環孔材とに分類される。散孔材にはブナ、カエデ、トチ、カバなどの木があり、板材にした時はっきりとしない木目が特徴である。

一方、環孔材にはケヤキ、ナラ、タモなどがあり、板目材として製材した時に出る、はっきりとした山型の木目が特徴である。

年輪・心材・辺材・芯

木は樹皮の内側の形成層と呼ばれる組織の細胞分裂によって成長をする。内側から外側に向かって木質組織を大きく育てるのである。

春から夏にかけて葉を多く茂らせ大きく成長する部分を早材《そうざい》（春材）と言う。色は淡く細胞壁は薄く、細胞の直径は大きく密度は小さい。また秋から冬にかけて成長した部分を晩材《ばんざい》（夏材）と言い、色は濃く細胞壁は厚く、細胞の直径は小さく、早材に比べて密度が高い。

木の木口《こぐち》部に表れるこの早材と晩材の輪を年輪と言い、一年で一つの年輪が形成される。したがって年輪を数えると木の樹齢がわかるのである。

早材の部分が厚く年輪の粗い木材は、狂いやすく、割れやすく、比重が大きく、硬い材であり、木工加工材の質としてはあまり好ましくない。一方、晩材が多く年輪が密な木材は俗に目詰《めつ》み材と言い、狂いにくく軽く軟らかく、加工しやすい良材である。

熱帯地方の木材は四季の区別がなく一年を通して成長するが、雨季と乾季との違いが年輪となって表れる。熱帯や亜熱帯地方の木材は俗に南洋材と呼ばれ、代表的な木材に黒檀《こくたん》、チーク、ラワンなどがある。

木材は樹皮に近い部分と内部では色みが違う。外側の白い部分を辺材または白太《しらた》と言い、内部の赤い部分を心材または赤身《あかみ》と言う。辺材部は木の細胞が成長するために活動し栄養分を貯蓄していた部分であったので、木材の質として安定していない。そのため腐りやすく、多少、軟らかい。

一方、心材の細胞は物質的に安定し硬く強い。一般的に木材の加工ではなるべく辺材を避け心材を用いる。ただしトチなどは、中心の赤身は使わない。

一部木材の種類によっては辺材と心材の区別がつきにくい木材もある。針葉樹ではモミ、ツガなど。広葉樹ではカエデ、トチ、ラミンなどがそうである。

芯は髄とも言い、木の年輪の中心部を指す。広葉樹では一部材を除き必ず芯割れをおこすため使われない部分である。直材《ちよくざい》以外は芯を避けるため、大きめに製材される。両脇の材は必ず柾目となる。針葉樹で強度を必要とする柱材に用いる場合は、そのまま芯持ちの柱材にする。芯持ちの柱材は、あらかじめ背割《せわ》りと呼ばれる溝を必ず入れる。

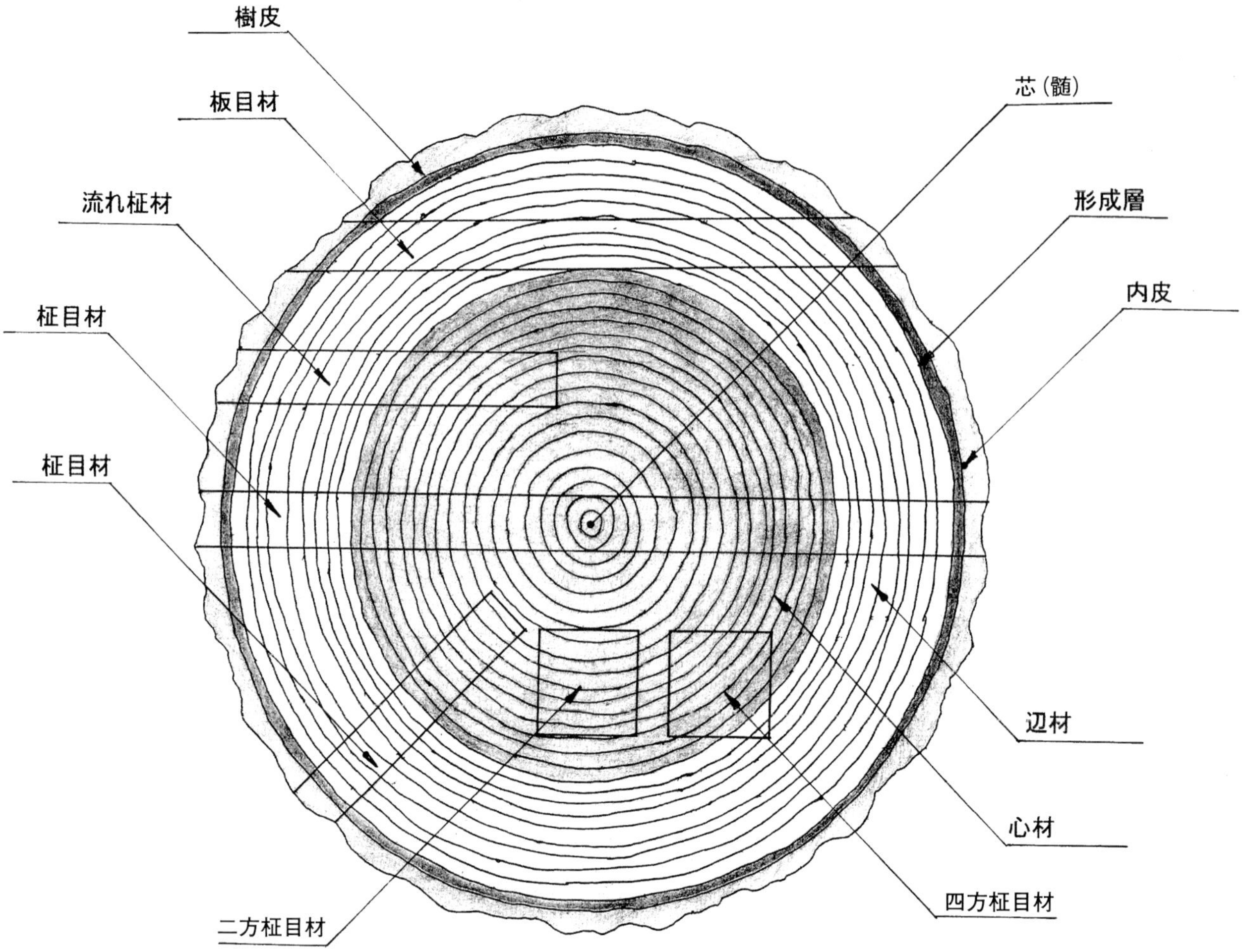

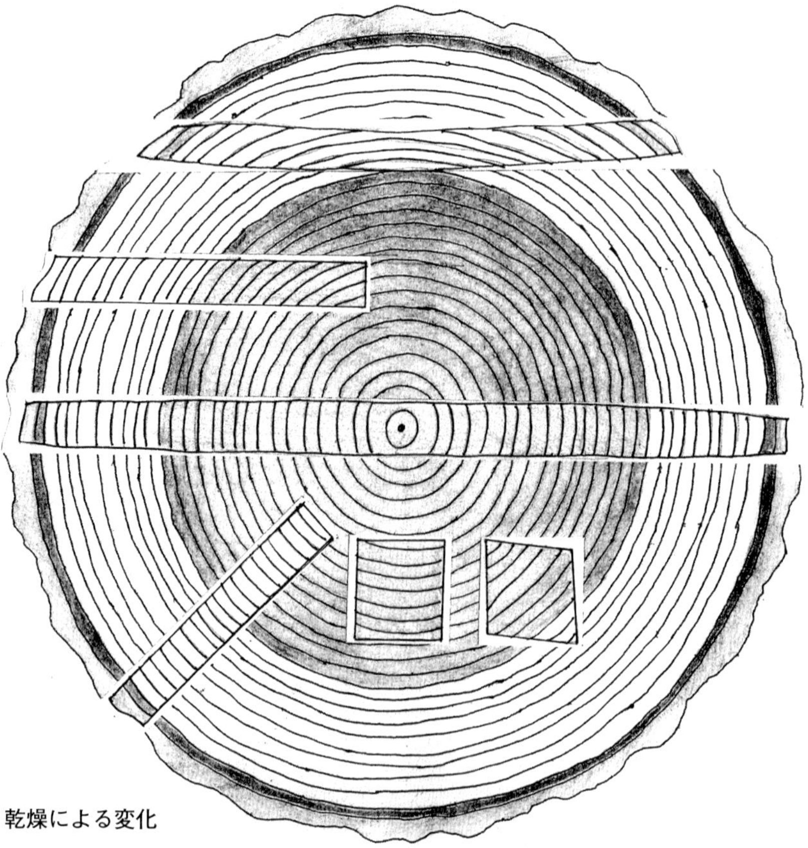

乾燥による変化

●製材による木材の名称と特徴

一般的に、伐採された原木は製材され用材になる。この原木から板を切り出す製材作業を板取《いたど》りと言う。年輪の目に対して、または年輪の芯からどのような角度で切り出すかによって板表面の木目が異なってくる。割れ、節、腐れ、入り皮部を避けながら、歩留《ぶど》まりのよさ、木目の美しさ、材の目的を念頭に入れて板取り作業は行われる。

柾目材

木の芯から放射状に製材された木材。その板面は、木目が平行線となり端正で穏やかである。木口面から見ると年輪は板面に対してほぼ直角に、芯に対しては平行に並ぶ。材質としては、繊維が元から末まで通っているため割れにくく反りにくい特徴がある。製材時に取れる割合が少ないことから板目材に比べ高価である。

板目材

木の芯に平行に製材された木材。その板面には、必ず山型の木目が表れ、木材らしく有機的で表情豊かである。芯に近いほうの面を木裏《きうら》と言い、樹皮に近い面を木表《きおもて》と言う。木材内部の物質としての安定度が板の両面で異なり、必ず木表に反る性質がある。

追柾目材《おいまさめざい》

流れ柾目材とも言う。芯に近い板面では板目に近い表情になり、樹皮側に近い面は柾目に近い表情になっている。木口面から見ると年輪は斜めに平行に並ぶ。芯に近く板目に近い面が反り上がる傾向がある。

四方柾目材《しほうまさめざい》

芯に対し放射線上に45度の位置で製材された角材を言う。四面どこから見ても柾目の角材である。原木一本につき四本しか取れず希少価値があり高価である。おもに観賞を必要とする場所の柱材に用いられる材である。また大変狂いにくい木材であり、カシの鉋《かんな》の台には四方柾目材が用いられる。

二方柾目材《にほうまさめざい》

通常の板目材取りを角材として製材すると得られる。二面柾目材で反対の二面が板目材の角材を言う。角材であるため板面の反りは少ないが柾面の痩せがある。

木目《もくめ》（木理《もくり》）

製材によって異なる木目が出る板目や柾目とは別に、樹木の種類、樹齢や成長した環境などによっても様々な木目ができる。目が元から末までまっすぐ通っている通直《つうちよく》木理と斜めに通った交走《こうそう》木理がある。交走木理には製材時に軸に対し斜めに製材してできる斜走《しやそう》木理と、樹木の成長した環境によってできる螺旋《らせん》木理、波状《はじよう》木理、交差《こうさ》木理がある。

通直木理材は素直な表情であり、狂いも少なく強度のある木材である。斜走木理以外の交走木理材は、それぞ

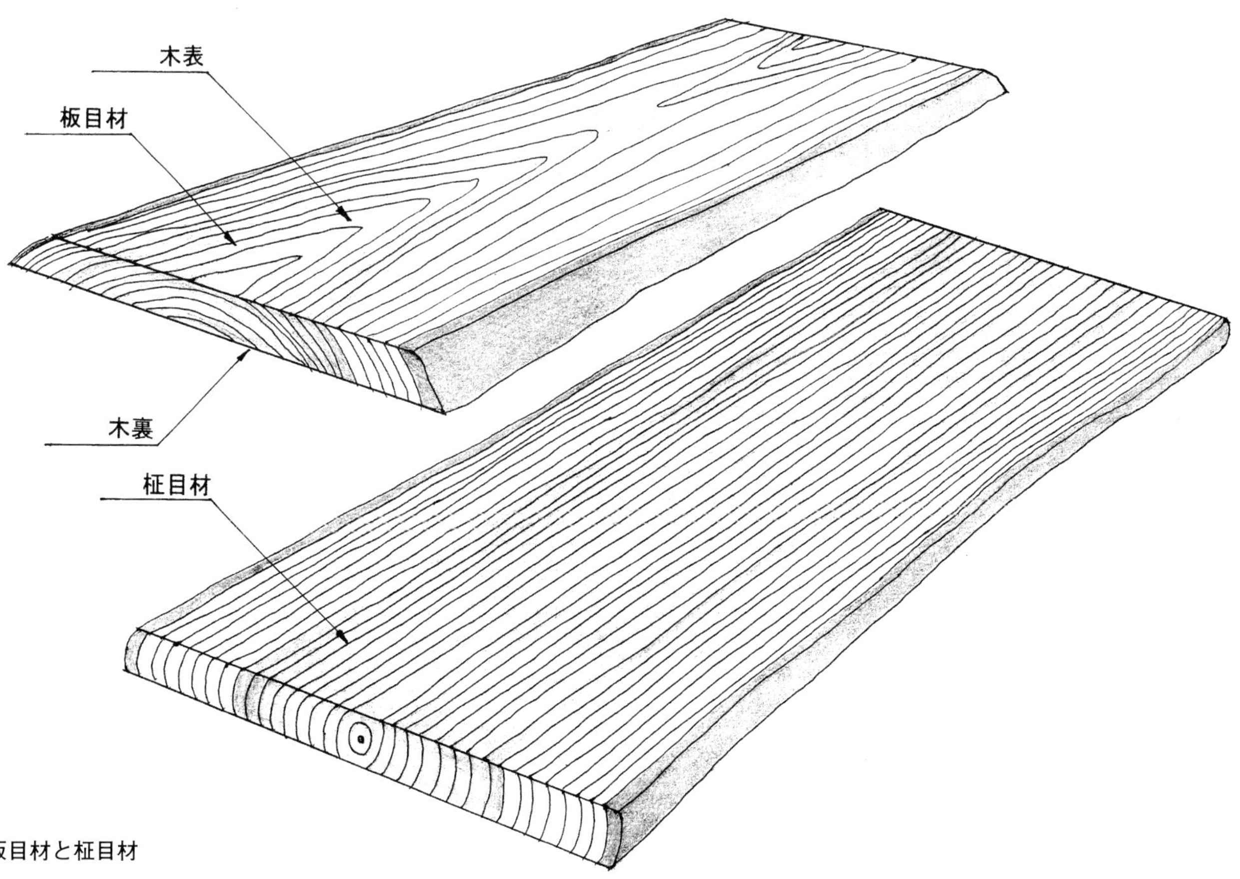

板目材と柾目材

れ変化に富んだ美しい表情の木理を作り出す。斜走木理の木材は繊維が通っていないので、とくに脚物の構造体などには目切れを起こすため、決して用いない。

交走木理の中に、特異な環境や条件で成長した樹木に稀に個性的な文様の木理が出る場合がある。このような木理を杢《もく》と言い、工芸的価値の高い貴重な材として指物材などに用いられてきた。杢にはその文様によって玉杢《たまもく》、縮杢《ちぢみもく》、鳥眼杢《ちようがんもく》、如鱗杢《じよりんもく》、虎斑《とらふ》、縮緬杢《ちりめんもく》、葡萄杢、笹杢など様々な種類がある。

タモ材の板目

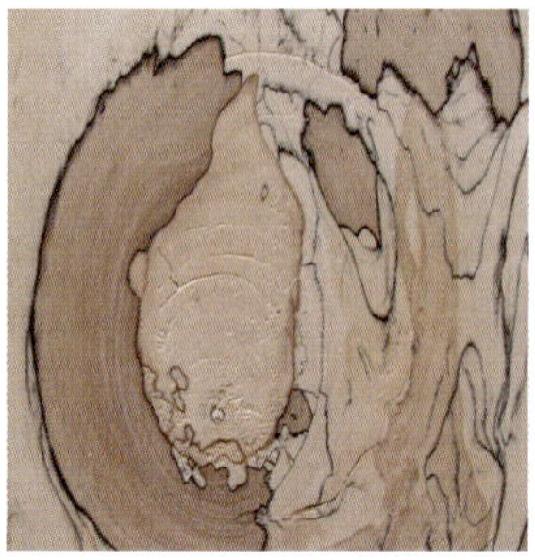
トチ材の斑

タモ材の縮杢

ケヤキ材の玉杢

タモ材の柾目

スギ材の笹杢

タモ材の玉杢

●木材の乾燥

伐採された木は必ず乾燥という工程を経て用材となる。十分に乾燥していない木材は強度がなく、しかも重く、腐れ、割れ、反り、痩せといった不備の原因となるからである。針葉樹の建築用材の場合15%程度以下、広葉樹の家具用材は６～８%程度の含水率が適正とされる。

木材の乾燥には天然乾燥と人工乾燥がある。天然乾燥は、製材された木材を、屋根があり、風通しがよく直射日光が当たらない場所に桟積みし自然に乾かす方法である。したがって用材となるには大変長い期間が必要である。大まかな目安として、昔から一寸一年と言われる。原木丸太の時に水に浸すことで、木材内外部を浸透圧の作用により均等に乾燥させることができる。

人工乾燥は熱・蒸気・温風・ 減圧・燻しなどを施し、乾燥させる方法である。急激に、強制的に乾燥させるため、木材内外部に乾燥度合いの歪みができるので、用材として使う前に自然乾燥期間を設けることが好ましい。

天然乾燥、人工乾燥どちらも木口から急速に乾燥するので木口割れを起こしやすい。それを防ぐため乾燥前に木口に専用割れ止め塗料やボンドを塗る必要がある。

3-3

●

機械と工具

かつて木工作業と言えば、暇さえあれば刃物を研《と》ぎ、さらには砥石《といし》まで手入れをすることがあたり前であった。最近では使い捨て刃物が数多く出回り、誰でも簡単に木を削り始めることができる。決してそれを勧めるわけではないが、限られた時間に仕事を終えるためには使わざるを得ない場合もある。また小鉋《こがんな》などは道具を作る職人が年々減りつつあり、数は少なく、あっても高額である。となれば需要はますます減っていく。小鉋のみならず、木工機械の三種の神器とも言われたプレーナー、昇降盤《しょうこうばん》、自動鉋盤《じどうかんなばん》などの機械類まで、ここ数年は生産を見合わせ、もっぱらコンピュータ制御の超大型機械が主力となっているようである。木工を取り巻く機械や工具の変化には、めまぐるしいものがある。

ここで学ぶ木工制作では作品の完成度を求めることが目的ではなく、アイデアを具現化し、それを提示することが重要なので、制作の方法や手段はとくに限定しない。今の状況を考え合わせれば便利な電動工具を使いこなすことも一つの方法であろう。

時代の趨勢を思えば、電動道具を自分の右腕のように自在に操り作品を生み出すことがこれからの木工の一つの姿であり、それを「ハンドメイド」と呼ぶような時代になったという考え方もできるだろう。しかし手工具の技術習得、手入れ法、仕上がりのきめ細かさなどを伝え学ぶことは、単に伝統や慣習といった側面だけでは語ることのできない、大きな課題だと考える。

●工作機械

実際の制作工程を前提とした大型機械について説明する。大型機械の種類はかなりあるが、ここでは一般の家具制作工程に必要とされる機械の説明を行う。使用にあたっては、必ず機械管理者の許可、指導を受ける必要がある。

クロスカットソー

木材を大まかな寸法に切断する機械で、荒木取りの時に使う。電動工具の丸鋸《まるのこ》でもよい。

手《て》押《お》し鉋盤《かんなばん》

基準となる平滑な面を加工する機械である。

自動鉋盤《じどうかんなばん》

基準面をもとに平行平滑な板を加工する機械。基準面を下にして反対の面を削り、厚みを決める加工を行う。

製材用バンドソー

木材の幅を加工する。本来は昇降盤という縦挽《たてび》き丸鋸盤《まるのこばん》を使うが、大変危険な機械であるため、熟練するまで縦方向の切断加工はバンドソーでの加工を勧める。

テーブルソー（スライドソー）

木材の必要な長さを正確に加工する機械。クロスカットソーと同じ作業をこなすが、精度の高い機械である。

曲面切用バンドソー

刃幅が狭く、曲線の切り出しに使う。R ゲージなどを用い墨付けをした後、これを使って切り出す。

角鑿盤《かくのみばん》

枘《ほぞ》穴を加工する機械である。柄穴を掘る錐《きり》の各寸法は3mm、6mm、9mm……と3mmごとにあり、必要なものを機械に取り付けて作業を行う。注意事項として、柄穴の深さをガイドにより決め、次に墨付けした線に錐を合わせて機械を始動し加工する。

ボール盤

ビス穴など丸穴を開ける機械。ハンドドリルのほうが手軽だが、垂直や、正確に数を開けたい時に使う。

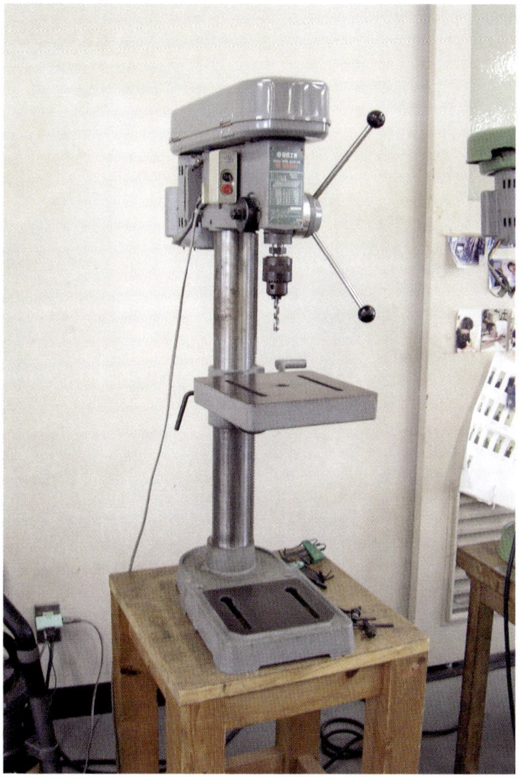

パネルソー

自動合板切断用機械。合板など比較的薄く大きな面積のものをカットする。

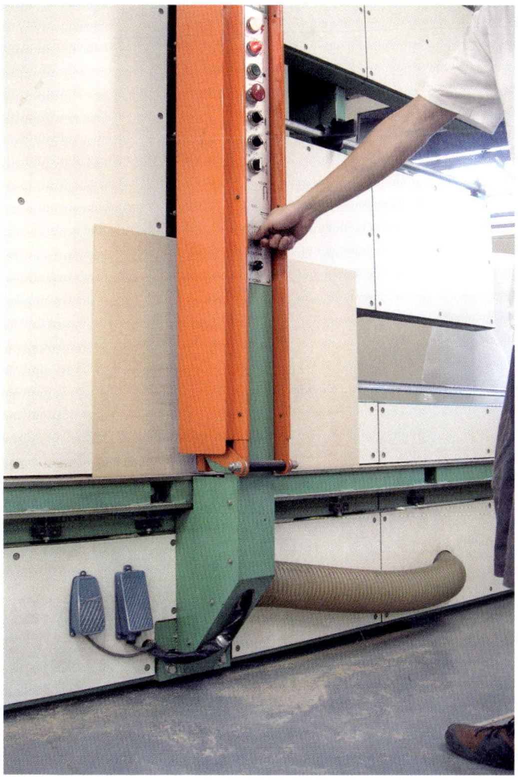

●電動工具

手加工の道具できれいにできない場合、また大型機械で操作しきれないものの加工に使う。使用にあたっては、必ず機械管理者の許可、指導を受けることが大切である。

ハンドドリル

ビス穴などを開ける。

電動丸鋸《まるのこ》

長い木材を大まかに切断する機械。ハンドソー。

ハンドプレーナー

大きな木材を大まかに平らにする。

ジョイントカッターとビスケット

板を矧《は》ぐ時、簡易に雇《やと》い核《ざね》の穴を開ける機械と、開けた穴に差し込む接続パーツ。

ジグソー

大まかに曲線を切る機械。厚い板は不可。

ハンドルーター

機械本体を持って蟻溝《ありみぞ》などの大きな穴や溝を加工する。また、大きな面取りやフラッシュ板の縁の処理にも使う。

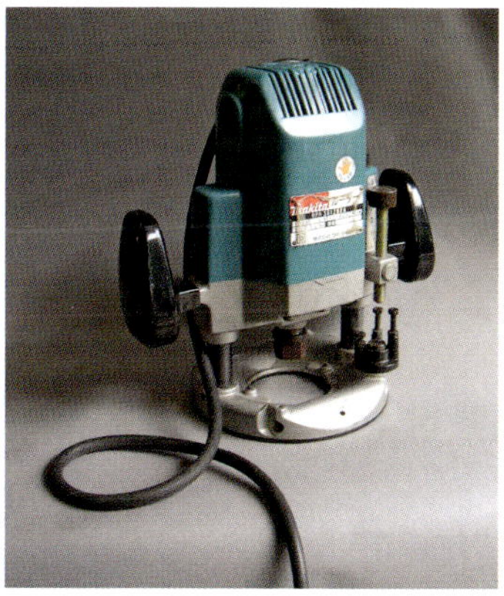

トリマー

ハンドルーターのさらに小型版。板の面取り、細い溝彫りなど。

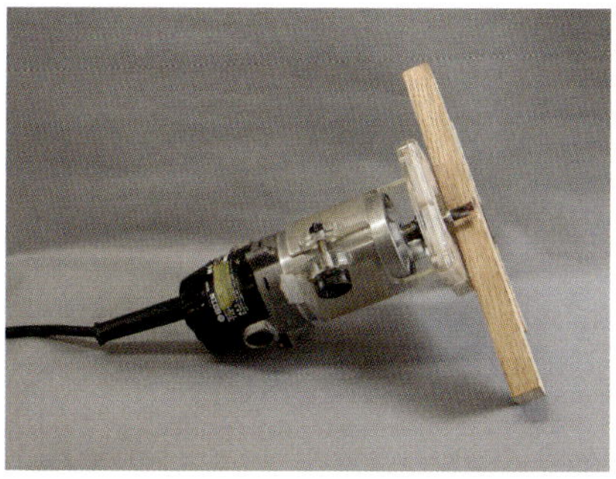

サンダー

木材の広い面にサンドペーパーをかけて仕上げる。

●手工具

平鉋《ひらがんな》（大）

大きな板面を平滑に削る。削った面は大変美しいので、仕上げ面を作る道具でもある。加工する木の種類や作業目的により、刃が一枚のものと二枚のものがある。また刃の仕込み角度も加工する木の種類や堅さによって違う。二枚刃鉋は本刃の研ぎと下端《したば》の調整が重要である。

平鉋（小鉋）

小さな板面や凸の二次曲面（p.23図参照）を削り仕上げる道具である。また平面取りなどに使う。

反《そ》り鉋《がんな》

凹板面の二次曲面（p.23図参照）を削り仕上げる。

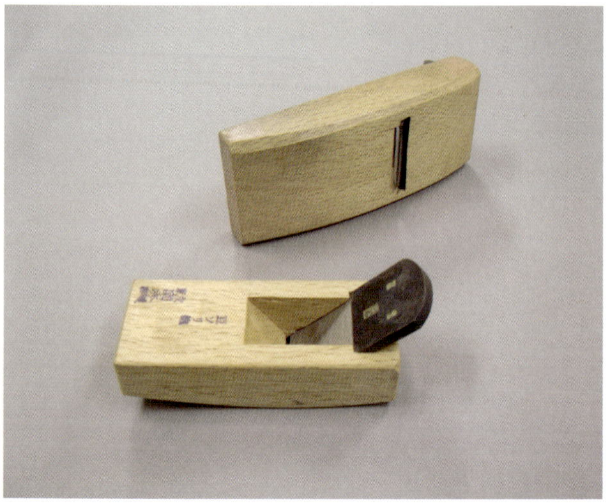

四方反《しほうそ》り鉋《がんな》

凹板面の三次曲面（p.23 図参照）を削り仕上げる。座面の凹加工や、サラダボールなどの内側の仕上げに用いる。

南京鉋《なんきんがんな》

棒材凸凹面の二次曲面や三次曲面（p.23図参照）を削り仕上げる。

豆鉋《まめがんな》

上記小鉋類の小型版で細部の仕上げに用いる。

ほかの種類の鉋

内丸《うちまる》鉋、外丸《そとまる》鉋、作里《さぐり》鉋、きわ鉋（左右）、台直《だいなお》し鉋など使う目的に応じて様々な鉋があり、大きさも各種ある。

両刃鋸《りょうばのこ》

木材の切断に用いる。木目（繊維）に対して直角に切る刃と、平行に切る刃が付いている。目的に応じて使い分ける。

胴付鋸《どうづきのこ》

仕口胴付部の加工を正確に行う。ちなみに、枘《ほぞ》を差し込んで突き当たる部分を胴付とも言う。

畦挽鋸《あぜびきのこ》

板面の中ほどから切り始めることのできる鋸。この鋸を用い、切り溝を突く作業などに用いる。

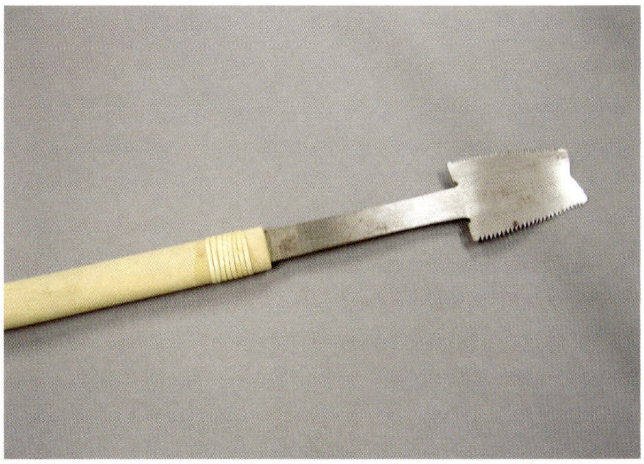

玄能《げんのう》と叩き鑿の丸鑿《まるのみ》、叩き鑿の平鑿《ひらのみ》

玄能の一般的な呼び方は「かなづち」である。鉋刃の調整や鑿を叩く時など様々に用いる道具である。玄能の叩く面には平面と凸面がある。通常は平らな面を用いるが、木を叩き圧縮する（木殺し）時や釘などを最後に深く打ち込む時は凸面を用いる。写真上、右から玄能、叩き鑿の丸鑿、叩き鑿の平鑿。写真下、右の二本は突き鑿。左三本のように、持ち手に金具が付いていない。玄能で叩かず、手の力だけで、削ったり彫ったりする。

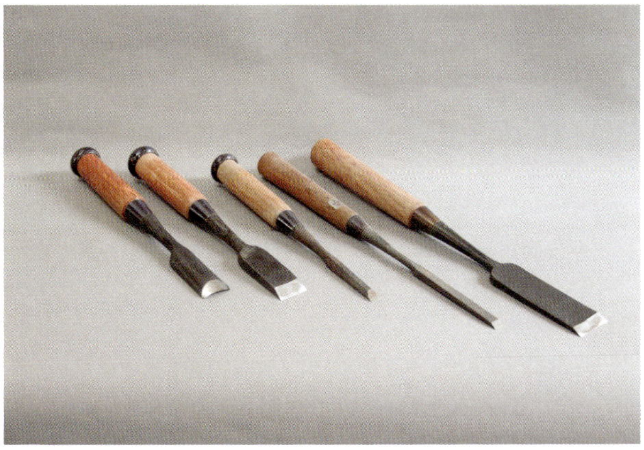

丸鑿

玄能で叩き、凹面を彫る。おもに器物制作などで荒彫りとして用いる。幅は9mmから33mm程度が使いやすい。

平鑿

玄能で叩き、柄《ほぞ》穴や溝を掘る。木材外部のハツリ作業にも用いる。幅は3mmから、3mmごとに45mm程度まである。

外丸鑿

刃裏の凸に鋼が付いていて、刃先は丸く曲線状になっている。おもに垂直に凹面を彫り込むが、内丸鑿のようにしゃくることはできない。外丸鑿は、荒彫り用の厚丸鑿と、仕上げ用の薄丸鑿とがある。

曲がり丸鑿

少し先端が反った丸刀。凹面の底部分の荒彫りに用いられる。

むこうまち鑿

向う待ち鑿。狭く深い穴や小溝を掘るのに用いる。

罫挽《けび》き

加工しようとする材料に、寸法などを描く工具。もっとも正確に印を付けることができ、同じ寸法をいくつも描くのに便利。

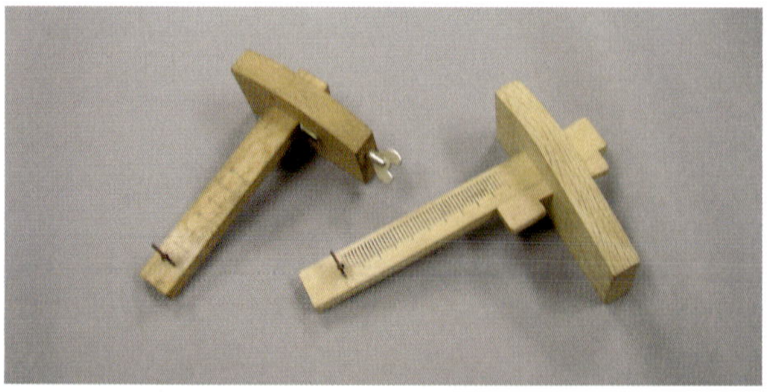

刳《く》り小刀《こがたな》

南京鉋同様、曲面削りのとくに小さな面などに使う。

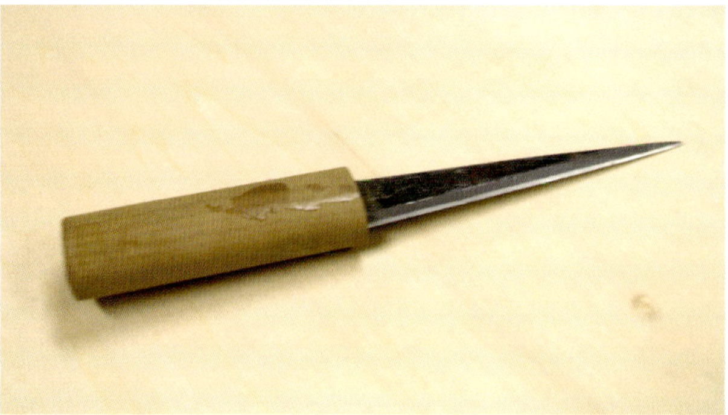

端金《はたがね》

広い板を矧ぎ合わせたり、接着する時に使う。また小椅子の組み立て時に締め上げて圧着する。

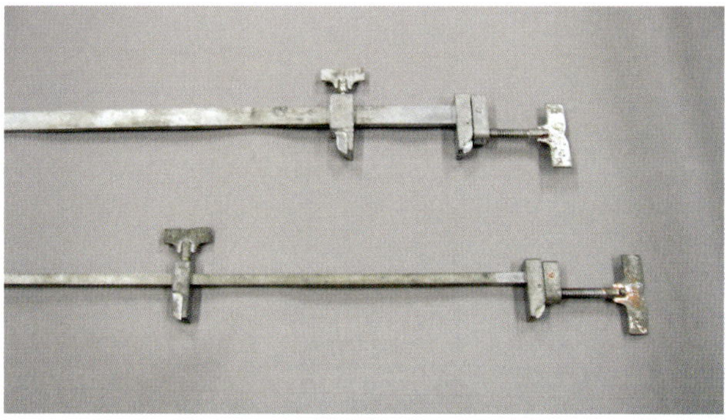

差しがね

金属製の物差し。90度に線を引く時に使う。

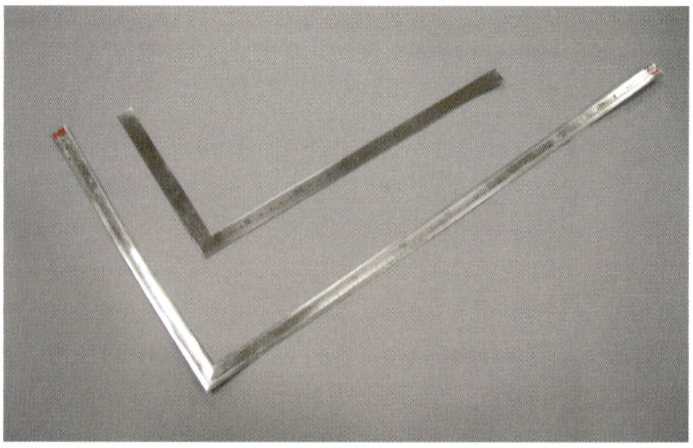

タッカー

いわば巨大なホッチキス。合板などの仮止めをする。

4章

家具の制作1

脚物を作る

木取り表を書く→木取り作業→荒木取り→基準面の加工→厚みの加工→幅の加工→長さの加工→仕口部墨付けと加工→曲線のある形の切り出しと削り出し→仮組み→サンディング→本組み→塗装→完成

4-1

•

椅子の制作

実際に自分で制作する場合、最初は技術的に複雑なデザインは避けるべきだ。たとえば初歩的な造りとして、脚は4本で、なるべく90度に組み合わせるものが簡易である。

最終的には、高度な技術である成形合板や曲げ木のパーツを使ったデザインや、構造上の工夫としてスタッキングや折りたたみ構造を提案することもできる。また、木のほかに籐や布、皮、構造材として鉄や樹脂など、異素材を使った素材のコラボレーションも試してみよう。

1. 木取《きど》り表を書く

たとえば原寸図を見ながら、A（座面）L430 × W512 × T30を1枚、B（背板）L460 × W115 × T55を1枚、C（後脚）L796 × W50 × T32を2本、D（前脚）L363……と整理し、標《しる》しや番号、部材名称、仕上げ寸法、数量を表としてまとめる。この木取り表をもとに木材を調達する。

番号	パーツ名称	寸法（仕上げ寸法）	個数	備考
A	座面	L430 × W512 × T30	1	3枚ハギ
B	背板	L460 × W115 × T55	1	
C	後脚	L796 × W50 × T32	2	
D	前脚	L363 × W50 × T32	2	
E	幕板（横貫）	L243 × W52 × T28	2	
F	前貫	L342 × W24 × T24	1	
G	後貫	L256 × W24 × T24	1	
H	下貫	L296 × W60 × T24	1	
I	畳ズリ	L486 × W42 × T42	2	

材木店で販売される木材は長さ、幅は様々だが、厚みには一定の基準がある。したがって厚みは仕上げ寸法より3～6mm程度厚いものを選ぶ。また全体の量に関しても、製材時におが屑として消費される量、さらに余裕予備量に配慮し、実際に使用される木材量のおよそ2～3割程度余裕をもって調達することが望ましい。

木材の調達は木場などの家具用材専門店で入手できる。一般の材料店では、スギ、ヒノキなど建築材のみである。

木材の調達は大切な過程なので、次のことに気をつけよう。

◎木の種類、厚み、在庫量など店によって異なるので、まず電話して確認する。

◎材木店によって様々な木目、製材方向がある。板目、柾目などを選べる店がいいだろう。

◎最近ではナラ、タモ、カバが一般的だが、それより少し軟らかいセン、クルミなども加工しやすい。

◎合板などの加工材は別の専門店で取り扱っている。

2. 木取り作業

木取り表をもとに、巻尺を用いて直接木材にチョークで墨入れをする。木取り表の数値は仕上げ寸法であり、木材に墨を入れる荒木取り寸法は、幅、長さともに10～20mm程度余裕を持った寸法として考え作業を進める。調達された木材の両端木口部には必ず割れがあり、時には石などを噛んでいることがあるので、最低でも両端50mm程度切り捨ててから墨付けをする。場合によっては木材内側にも節やシミ、干割れ、入り皮などがあり、よく観察し、それらを避けながら墨付けをする。

作業効率や歩留《ぶど》まりを考慮し、木材のどの部分に何のパーツを割り当てるか考え墨付けをする。とくに多くの面積を占め、外観に大きく影響を及ぼす座面部や背部に関しては木目の中でも美しく上質な部分を割り当てるなど、木目の表情や質を考え墨付けすることも重要である。墨入れをした材には、どの部材かわかるよう、木材表面あるいは木口に標《しる》しや番号をチョークで記載する。

3. 荒木取り

クロスカットソーで、最初に長手方向の両端部分を切り落とす。墨付け位置に従い端から順にカットする。ただし、その後の作業性を考え、あまり短かくカットしないこと。2～3本分まとめて約1m程度の長さが望ましい。長さ300mm以下には絶対に木取らない。長さ300mm以下では、後の作業で使う工作機械（手押し鉋やプレナーなど）で、大変危険なことになる。

4. 基準面の加工

手押し鉋を使い、まず広い板面から加工し平滑面を作る（4-1）。次に平滑になった板面を基準として直角な木端口《こばぐち》平滑面を作る（4-2）。この直角にできた二面が厚みや幅を作るための基準面となる。荒木取り時に板面に記載した標しや番号を木口面に書き写す。

4-1.

4-2.

5. 厚みの加工

自動カンナ盤を用い、工程 4-1 で作った基準面を下にして、反対の面を削る、厚みを決めるといった加工を行う。仕上げ寸法 + 約 0.5 ㎜の厚みまで加工する。約 0.5 ㎜は仕上げカンナの削りしろである。

6. 幅の加工

基準面をバンドソーにあてがい、必要な幅に仕上げる。この場合も削りしろを考えるが、バンドソーによる切り面はかなり荒れているので墨付け部より余分に切る。

7. 長さの加工

材木をテーブルソーに載せ、最初に片方の木口面を切り（7-1）、基準となる木口基準面を作る。その木口の基準面をガイドにあてがい、各パーツを必要な長さに仕上げる（7-2、7-3）。この場合、長さはほぼ仕上げ寸法どおりにカットする。

7-1.

7-2.

7-3.

8. 仕口部墨付けと加工

スコヤ、罫引《けび》き、あるいは尖った鉛筆などで正確に墨付けした後、制作に入る。柄《ほぞ》の場合は、柄穴のほうから先に作業を進める。柄穴は角鑿盤などを用い加工する（8-1）。次に、その穴に合わせて柄を作る（8-2, 8-3）。柄部は胴付き鋸を用い胴付き部から加工し（8-4）、縦方向は縦挽き鋸に持ち替え加工する。

8-1.

8-2.

8-3.

8-4.

9. 曲線のある形の切り出しと削り出し

R ゲージなどを用いて墨付けする（9-1）。その後、曲面切用バンドソーで切り出す。バンドソーで切り出すと切断面が荒れる。そのため仕上げしろを考慮し、墨付け線より若干外側を切り出すことが必要である。数量があり複雑な曲面のある場合は、薄ベニヤや厚紙でゲージを作るとよい。小鉋、反り鉋、四方反り鉋、南京鉋などを用い、削り出して仕上げ、面取り加工の場合は、小鉋や面取り鉋またはトリマーなど電動工具で加工する（9-2）。曲面部分に柄穴などがある場合は、加工前（丸くする前）に穴を開けておく。

9-1.

9-2.

10. 仮組み

すべてのパーツが用意できたら、まずは接着剤を入れない状態で組み立てる。部分的または全体的に組み立て、不都合な箇所がないかチェックをする。この工程は組み立て順序の確認など、本組みのシミュレーションとして重要である。

11. サンディング

各パーツをメッシュ 180 〜メッシュ 240、メッシュ 360（数字はペーパーの目の粗さを示す）の順序でサンディング作業をする。仕上げは木目に沿って行う。

12. 本組み

本組みは椅子の左右サイド部をそれぞれに組み立て、仕口部双方に接着剤を付け、端金《はたがね》を用い圧着する。3 〜 4 時間で接着剤が固まるので全体を組み立て、最後に座面を付ける。圧着ではみ出た余分な接着剤は水を付けたブラシでぬぐい取り、その後、濡れたウェスで丁寧に拭き取る（p.72 参照）。

13. 塗装

木の質感を生かすため、オイルの拭き取り仕上げとする（p.93 参照）。

14. 完成

4-2

●

曲げ木と成形合板

木材を棒状に割いて、熱を加えて曲げる技術を曲げ木という。ブナやトネリコなど、繊維が通り、粘りのある木を煮たり蒸したりした後（1)、一気に曲げて固定する（2-1、2-2、2-3)。曲げ木はトーネットや秋田木工など古くから椅子のフレームに利用されてきた。

一方、薄く削った板（単板）を繊維方向に接着剤で貼り重ね、好みの凸凹の型でプレスし（3-1、3-2、3-3）固めたものを成形合板と呼んでいる。20世紀前半から使い始められ、木製椅子のデザインに大きな変化をもたらした。

器物《きぶつ》の曲げ輪作り同様の技術であり、この場合、樹種はスギやヒノキなど針葉樹を使う。ともに熱で変形する性質と長い細胞を持った樹木の特徴を生かした工法である。

1.

3. 単板

3-2.

2-1.

3-1. 凸と凹の型に挟んでプレスする

3-3. 大きなものは専用のプレス機を使う

2-2.

2-3.

4.

武藤尚美　2004

山野目英実　2004

原正樹　2004

椅子の歴史

大串哲郎

ヨーロッパの椅子

現在の椅子の始まりはヨーロッパにある。そこには宗教と権力（政治）が大きくかかわっている。椅子の始まりは神の玉座として、神に一番近い者の象徴として作られたと言われる。まず、政《まつりごと》を司る者の権威の象徴、権力者の印として椅子が使われるのである。

神の使いを留め置くところとしての椅子、政《まつりごと》を司る権力者の象徴としての椅子、どちらの椅子も衆人の視覚に強くアピールする形を表現した。象徴としての椅子が大衆に広まるには、ヨーロッパの気候と風土が大きく影響している。ヨーロッパの石造りの家屋では地中海側の地方であっても、冷たい床からの隔離は絶対に必要なものだった。とはいえ、地面、床面に直に座る生活は10世紀頃まで続くのである。

中世以降、宗教者と権力者、それを補佐する貴族、そして都市には経済・流通をまとめる商人が跋扈し始める。都市部の市民の登場である。

宗教者や権力者の椅子が華美で豪華になれば、大衆もそれを越えない程度に装飾を施した椅子を使うことになる。機能のみの、簡単で単純な腰掛けから徐々に形を整え、衆人の美感に呼応する椅子を生み出す過程も、すべての生活道具が歩んだデザイン史の一つである。椅子の様式もまた、ゴシック、ルネッサンス、バロック、ロココ様式と、時代の変遷とともに大きく変わっていく。

18世紀から19世紀にかけてイギリスで興った産業革命はヨーロッパを席巻し、政治・経済にも大きく影響を及ぼす。この結果、時の権力者と産業改革を支える労働者や都市部の市民そして資本家の力が拮抗するようになり、資本家や市民は、宗教者や権力者とは違った家具を求めた。新しい社会秩序を求める市民が、自らの新しい象徴として家具に表現しようとした現れでもあった。

はじめに資本家のためにアールヌーボー様式やユーゲントシュティール様式が、次いで一般市民や労働者のためにバウハウス様式が興り、これは第二次世界大戦まで続いた。

1950年前後の戦後復興の準備期間を経て、1950年代後半からは一般大衆の生活の道具として椅子は作られるようになる。宗教や権威を表す椅子の制作は限られ、必要とする人も少なくなる。対して、家族団らんでの食事をするための椅子、くつろぐための椅子、オブジェとしての椅子が作られるようになる。

1960年代からはヨーロッパ各国で独自のデザインの流れが興り、北欧、イタリア、ドイツ、フランスから新しい椅子の形を提案するデザイナーやグループが多数輩出した。1970年代にはイタリアが家具産業として大きな力となり、ドイツが対極の家具産業を興し、北欧やスペイン、フランスなどもデザイン表現の一つとして独自の椅子を制作している。

日本の椅子

日本は、温暖な気候風土のために地面や床面に直に座る時代が永く続いた。権力者が使う椅子も背のない腰掛け程度だったが、仏教の伝来とともに中国から背のついた椅子が入ってくる。中国に倣って進められた国づくりの、権威や権力の象徴としての椅子も伝えられたので、日本独自で考案された椅子は少なく、中国から伝わった椅子の模倣がほとんどであった。

江戸後期から幕末にかけて、椅子が生活の道具として日本に入ってくる。とはいえ、当時はまだ国外から訪れる人々のための椅子であり、大都市部でも生活の道具として椅子が使われ始めたのは昭和に入ってからであり、一般の家庭で椅子の生活が始まったのは1960年代半ばからだった。

現在では、食事や事務など作業をするための椅子や、休息のための椅子として、また鑑賞するためのオブジェとしても椅子は存在する。人と椅子は様々な時と空間の中で大きくかかわっているのである。

人の身近にあり、人を支える椅子には変化が求められる。デザインに変化があれば様式として確立され、新しい素材で作れば、今までにない形を作ることも可能になるだろう。座る道具としての椅子はこれからも人の側にあって、人を支え続けるのである。

エジプトからバウハウスまでのイラストは、中林幸夫著『図でみる洋家具の歴史と様式』（理工学社、1999）より転載。アール・ヌーボー、ユーゲントシュティールは、大串哲郎画。

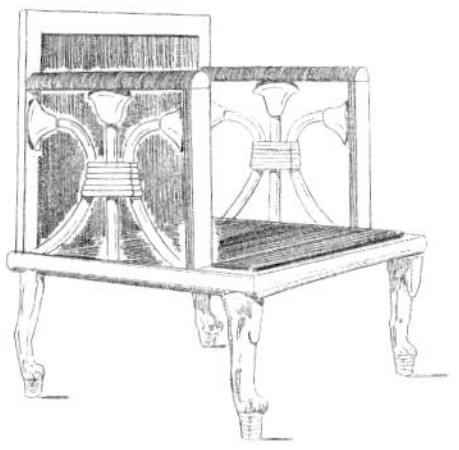

エジプトの木製椅子

ルネッサンスの肘掛け椅子

バロックの肘掛け椅子

ロココの肘掛け椅子

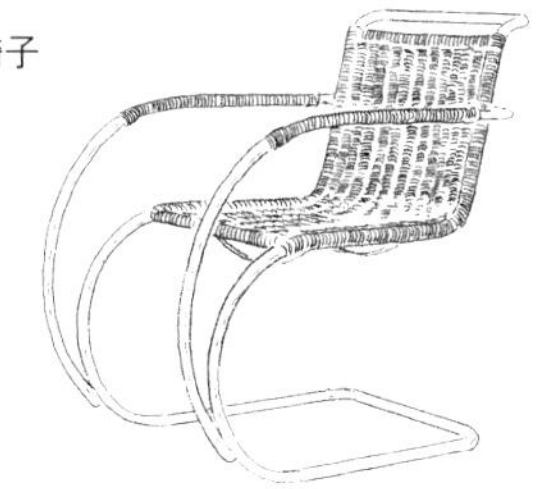

バウハウス、
ミース・ファン・デル・ローエのアームチェア

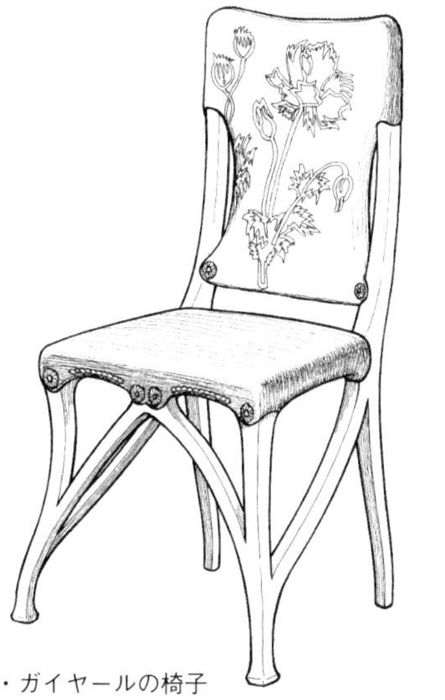

アール・ヌーボー、ウジェーヌ・ガイヤールの椅子

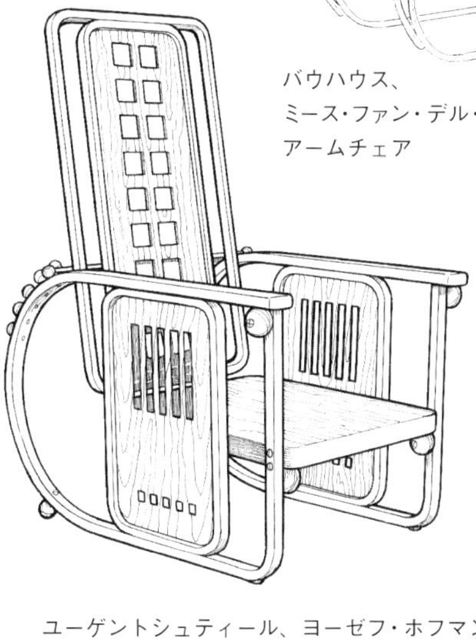

ユーゲントシュティール、ヨーゼフ・ホフマンの椅子

5章

家具の制作 2

箱物を作る

芯材の製材作業→合板の製材作業→フラッシュ板の制作→プレス加工→フラッシュ板の製材→見付板の作業→フラッシュ板の組み立て準備→収納本体仮組み→収納本体本組み→扉の制作→扉の吊り込み→引き出しの作り方と仕込み→サンディング→塗装→完成

5-1

●

構造と名称

収納家具本体の広い面材を作るには、ムク材を矧《は》ぎ合わせた板組《いたぐみ》構造、芯材を合板で挟むフラッシュ構造、枠に鏡板をはめ込む框組《かまちぐみ》構造がある。板組構造以外は重量を少なくするために工夫された構造である。

収納家具に欠かせない合板にはプライウッドと木質ボードがある。プライウッドは一般的にベニア板と呼ばれるもので、木材を薄くスライスした単板の繊維方向を縦横に貼り重ねたものである。フラッシュ板の代用で使うランバーコアは内部に軟材を使い両面に単板を貼ったもので、単板だけの合板より軽量である。それに対して木質ボードは、木の粉や荒く裂いたチップを接着剤などで固めた板で合成された加工木材である。それぞれ強く広く、また厚さも自由に製造することが可能であり、また規格化されたものは 3mm 単位で種類がある。

これら加工された板材は、建築や大量生産される家具類に欠かせない存在である。しかし、こういう合成された木材は接着剤を多く含むため、廃棄処分の際は適切な方法をとらねばならない。

箱部分は天板《てんいた》、地板《じいた》、側板《がわいた》（帆立板）、中仕切《なかじきり》、棚板《たないた》、背板《せいた》という構造で、さらに台輪《だいわ》、扉、引き出しで構成されている。各要素について簡単に触れておく。

天板、地板、側板

凹《へこ》み強度を上げるために、フラッシュ構造に似た構造のランバー構造がよく使われる。

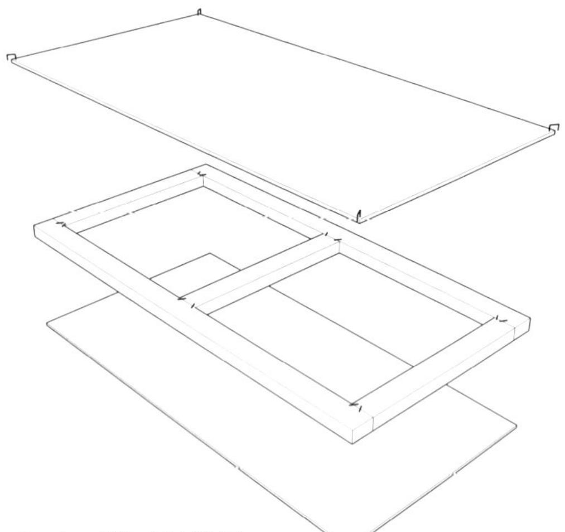

フラッシュ構造（芯材枠組）

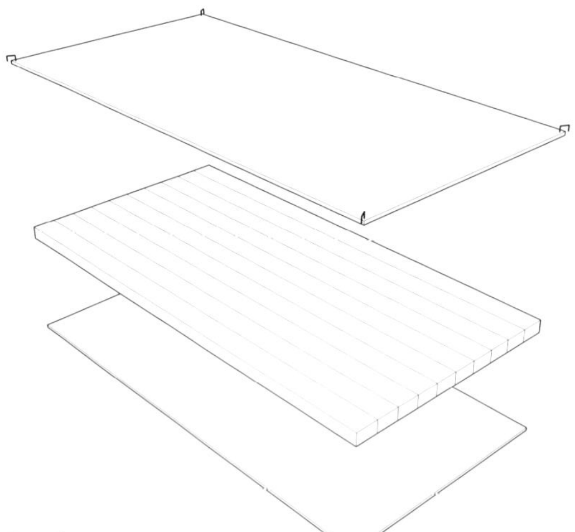

ランバーコア

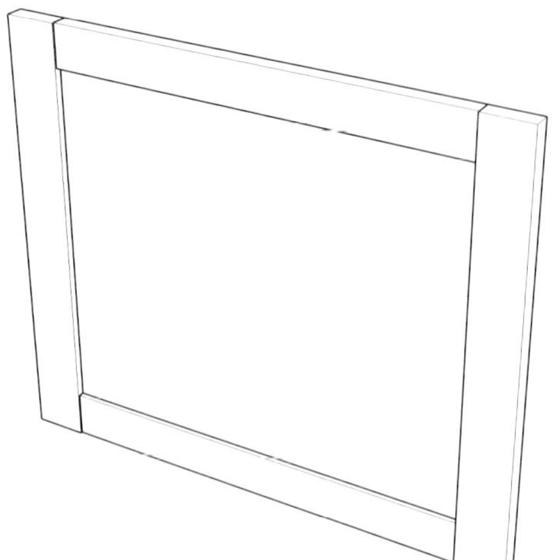

框組構造

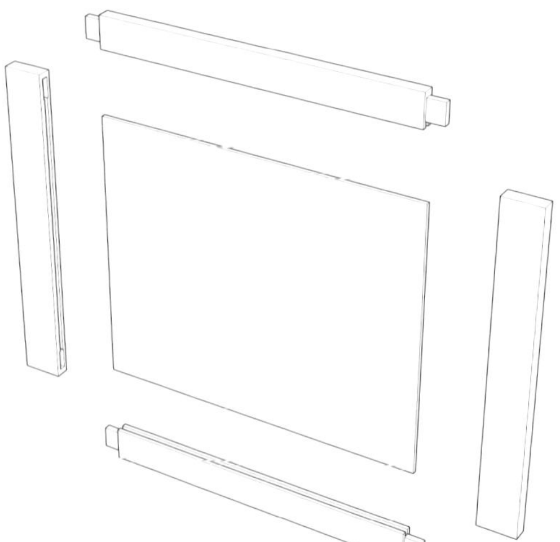

框組分解図

引き出し

前板、側板、先板《さきいた》、底板からなる箱形であり、底を滑らせて開け閉めする「底ズリタイプ」と、側板に桟と溝を付け滑らせて開け閉めする「芯ズリタイプ」がある。底ズリは芯ズリより密閉度が高く、精度が要求される。前板材は家具全体の仕上がりに影響があるが、側板、先板は見えない部分であり、また調整のために削ったりするので軟らかな木がよい。衣類用家具は桐材を使用することが多い。

扉

開き戸と引き戸がある。開き戸は側板に蝶番《ちょうばん》を取り付けてそれを軸に回転して開ける。引き戸（引き違い戸も）は地板と天板に溝を作り滑らせて開け閉めする。左右対称にならないので、意匠的バランスがとりにくい欠点がある。

台輪

扉や引き出しを開け閉めする時、床から箱部を離し、床に傷が付かないようにする目的がある。台輪には、本体と離れた置台輪と、一体になっている前台輪（付け台輪）がある。棒脚、板脚なども同じ役目を持つ。システム家具のような大きなものになると、台輪部分にアジャスターが内蔵されて、システム全体の調整ができるものがある。

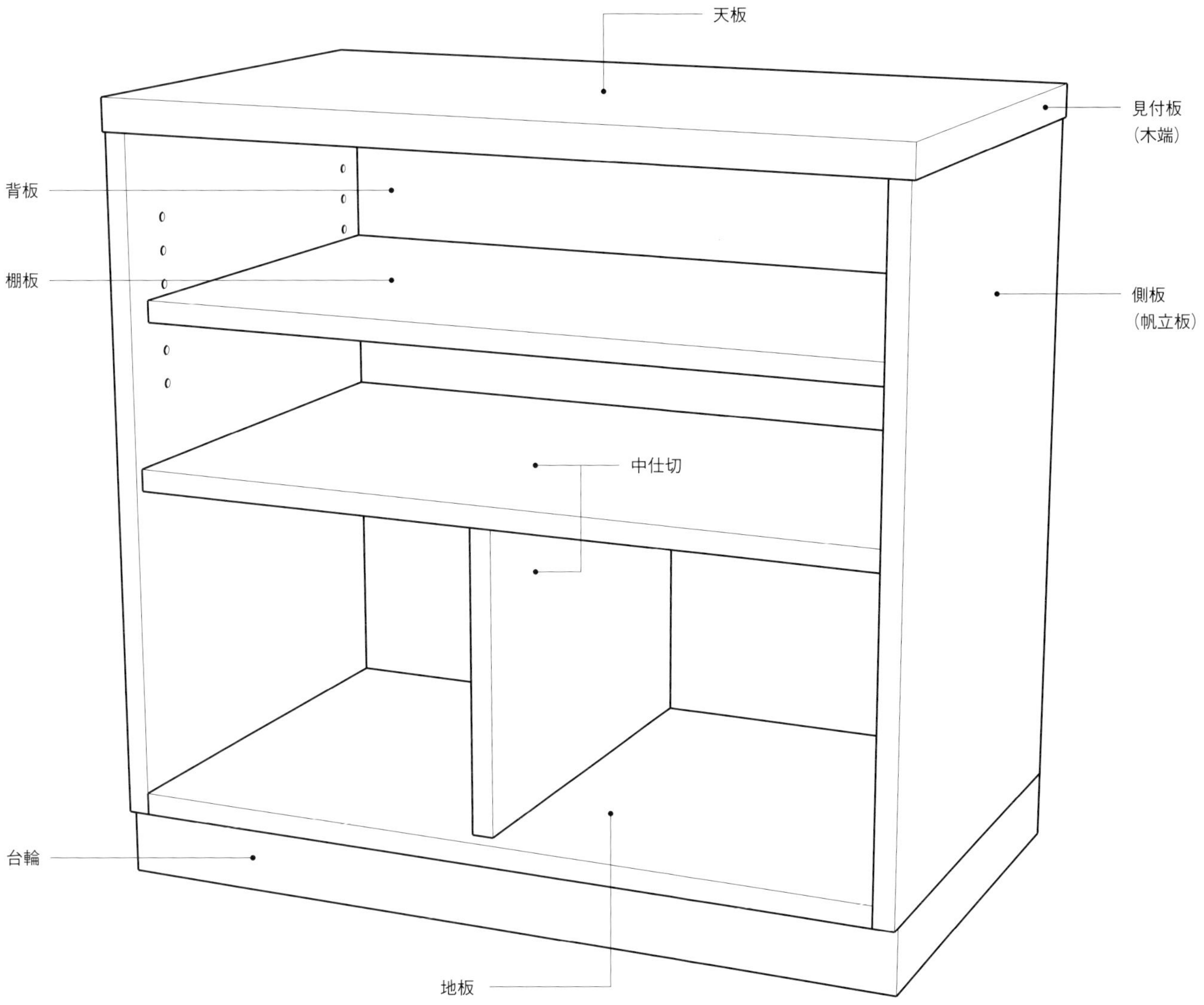

5-2

●

フラッシュ構造の収納家具

フラッシュ構造の収納家具を学ぶ。芯材(角材)をフレーム状に組み、両面に合板（面板《めんいた》）を貼って仕上げた板材をフラッシュ板といい、木口には薄い板材を貼り付ける。これを見付板（面縁《めんぶち》）という。背板には 4 ～ 6mm 厚の合板を使用することが多い。

フラッシュ板を用いて収納家具本体の構造を作ると全体的に安価で、比較的自由な形ができる。収納家具を制作する場合は、箱本体を先に作り、収納本体が組み上がった後、現物寸法を実測確認して棚板、扉などを作る。

1 ～ 4. 芯材の製材作業

ここでは市販されている専用芯材を使うので、芯材の 1. 木取り表作成、2. 荒木取り墨付け、3. 木取り、4. の加工の作業工程は省く。詳細は椅子制作工程の 1 ～ 3 を参照。

5. 合板（面板）の製材作業

まずパネルソーまたはテーブルソーで、基準となるベニヤ面の端を切る。最初に片方の木口面を一度切り、基準となるベニヤ端の基準面を作る。その基準面をガイドにあてがい、必要な長さに仕上げる。長さ幅とも 10mm 程度大きく製材をする。ここまでがフラッシュ板の芯材と合板の製材作業となる。手順は椅子制作工程の 7 を参照。

6. フラッシュ板の制作

縦枠材、横枠材を框にセットしタッカーで固定する (6-1)。それぞれの接続箇所はハの字にタッカーを打つこと。中間の位置に入る横芯材も正確に寸法を測り固定していく（6-2)。合板を貼ると芯材の位置が見えなくなるので、左右非対称の芯材配置の場合は必ずその位置がわかるよう標《しる》しを付けておく。

枠に接着剤を塗布する（6-3)。枠と合板の接着面を合わせてセットし、双方がプレス時にずれないように角にタッカーで仮止めする（6-4)。

6-1.

6-2.

6-3.

6-4.

7. プレス加工

フラッシュ材を効率よく重ねてプレスする。約3時間程度で接着硬化する。接着硬化後、仮止めの釘を抜く。

8. フラッシュ板の製材

最初に片方の木口面を切り、まず基準となるフラッシュ板端の基準面を作り、その基準面をもとにもう一つの直角な基準面を作る（8-1）。それら基準面をガイドにあてがい必要な長さに仕上げる（8-2）。

8-1.

8-2.

9. 見付《みつけ》板の作業

見付板は、フラッシュ板の板厚より2～3mmほど幅を広く取り、長さは15～25ｍｍほど長い板を用意する（9-1）。まず短辺端から先に貼り、次に長辺端を貼る。見えない部分は貼らなくていい。ボンドなどの接着材を塗布してから端金で圧着固定する（仮釘で固定する場合もある）。ゴム系の接着剤の場合は、双方に接着剤を塗布し、半乾きの時にゴム槌で叩き圧着する（9-2）。どちらの場合も段差（チリ）が均等に出るよう気を付ける。このチリは接着剤硬化後、小鉋《こがんな》を用い、同一平面（ツラ）に削り揃える。

9-1.

9-2.

10. フラッシュ板の組み立て準備

側板と中板の決められた位置に小穴と呼ばれる溝を掘る。最近ではジョイントカッターという電動工具を用い、雇《やと》い核《ざね》などで仕口加工する。

11. 収納本体仮組み

仕口部に接着剤を入れない状態で組み立てる。まず、左右の側板を立て、側板のそれぞれの小穴に天板、中板、底板をはめるが、ここでは雇《やと》い核《ざね》で制作するので天板と底板はあとで接着する。その後、背板を付けて組み立て、不都合な箇所がないかチェックする。組み立て順序の確認は、本組み時のシミュレーションとして重要である。

12. 収納本体本組み

仕口部双方に接着剤を入れて組み立て、端金で圧着する（12-1）。組む方向が違う箇所があれば、あらかじめ別に接着する（12-2）。はみ出た接着剤は水を付けたブラシでぬぐい取り（12-3）、濡れたウェスでよく拭き取る（12-4）。圧着中に本体内側などにスコヤを当て直角を調べる。狂いがあるようなら端金を斜めに掛けて修正する。

12-1.

12-2.

12-3.

12-4.

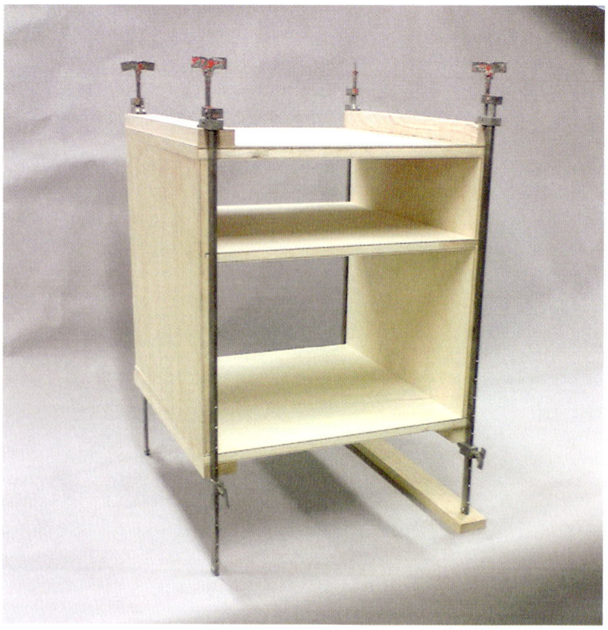

13. 扉の制作

（フラッシュ構造の扉）

板材の作り方は前述の側板などのフラッシュ構造に従う。蝶番《ちょうばん》の種類によって芯材の位置や幅などが変わってくるので、作業工程を計画的に組み入れておくこと。扉の操作に必要な蝶番、把手、キャッチャー（ストッパー）などは早めに購入し、現物で合わせるとよい。

框組構造の扉

制作のカリキュラムには入っていないが、框組構造とムク板の扉について少し説明する。角材による枠組みを框と言い、その框の内側に羽目木（鏡板）と言われる薄板を挟み込み、扉にする。枠組みの造りは柄などの組み手加工と、四隅を45度に貼り合せる留め継ぎ加工がある。また、扉を取り付ける際の金具は框のフレームに取り付けることになる。框のフレーム幅に納まるようなスライド蝶番を選ぶ注意が必要だ。

広い面積の羽目木は、框枠で囲まれるため反らず、自由に伸縮できる。ムクの木材にとってまことに無理のない加工法である。框組扉は形に段差があるので変化にとんだ表現になり、日本的な箪笥類に多く使われる。この構造に着色塗装する場合、羽目木を組む前に色を付ける。木が痩せてくると塗っていない部分が見えてくるからである。

ムク板の扉

ムク板は狂いやすく、また重いので、広い面積の扉には使わない。どうしてもムク材を使う場合、木口面に端嵌《はしばみ》という加工が必要である。これは木口の両側に縦繊維の木をはめ込み、反りを鎮める技術である。

14. 扉の吊り込み（取り付け）

金物はスライド蝶番を使う（14-1）。まず扉裏に蝶番用の受け穴を開ける。仮に高さ600mmの扉であれば上下約100mmずつの位置が蝶番の位置となる。扉にその位置を墨付けし専用ドリルとビット（14-2）で穴を開け（14-3、14-4）、穴を開けた位置を収納本体に写し、扉に蝶番を取り付ける。収納本体の墨付けした位置に蝶番受け座（14-5、右）を取り付ける。その際専用の治具を使うと早い。ここでいったん作業を中断し、工程17の塗装のあと、扉を収納本体に吊り込み、スライド蝶番にある調整ネジで上下左右に調整する。

14-1.

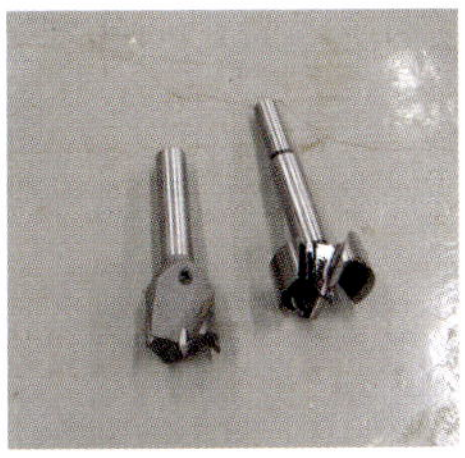

14-2.

14-3.

14-4.

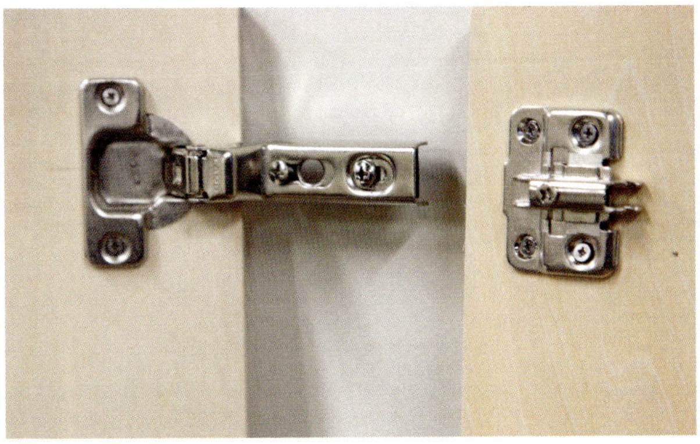

14-5.

吊り込み完了

15. 引き出しの作り方と仕込み

前板は「重ね前板ネジ止め方式」とし、底ズリタイプの引き出しを作る。まず側板を作る。

製材した左右側板を収納本体に入れ、前後にスライドさせ、硬いようであれば少し削りスムーズに前後するよう調整する。決して削りすぎないこと。

次に仕口の作業に入る。小根追入れ組みや、ダボ組み加工をして(15-1)、次に底板用の溝を突く(15-2)。本組みして(15-3、15-4)接着剤が硬化後、収納本体に入れる。動きが渋いようであれば側板に鉋をかけ調整する。最後に前板と引き出し箱部をビスで接続固定する(15-5)。

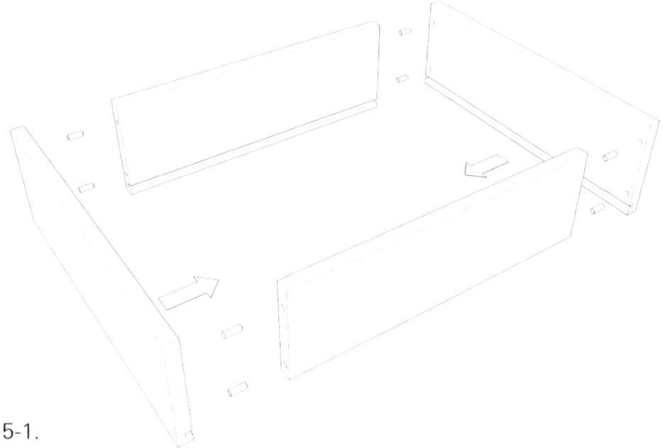

15-1.

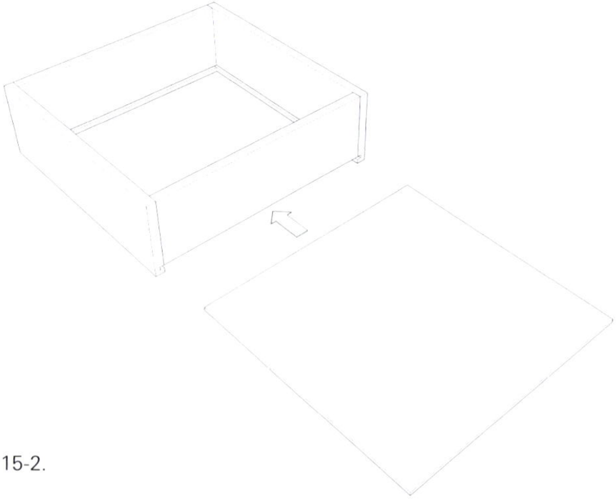

15-2.

15-3.

15-4.

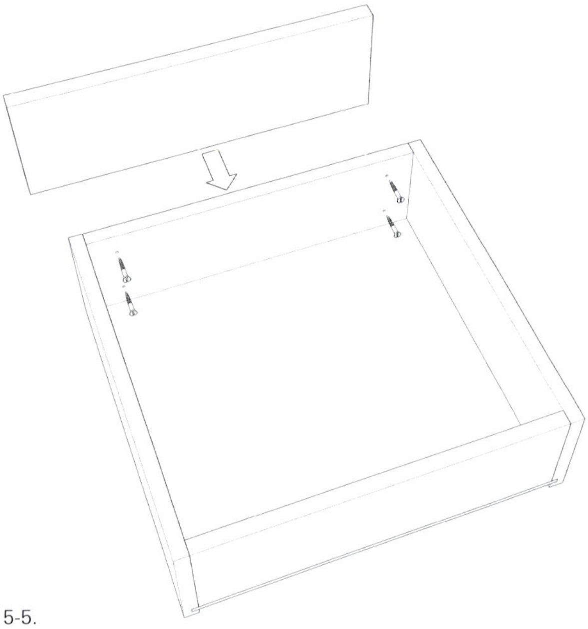

15-5.

引き違い戸

引き違い戸について少し説明する。引き違い戸には重なる部分がありデザインが左右非対称となる。開け閉めは上下に溝やレールを付けて滑らせる。そのため本体に最初に溝を彫っておく必要がある。取り付けは、先に上溝に斜めに差し込み下溝に落すケンドンと呼ばれる仕掛けである。戸の構造はフラッシュ板、框などの扉と同じ。

そのほか、棚板の取り付けは固定式より可動式のほうが便利である。棚ダボという金物があり、雌ネジを本体側板内側に多めに打ち込み、雄ネジの場所は使い手が自由にセットできる。

16. サンディング

ムク板部分は、メッシュ180～メッシュ240、メッシュ360の順で、木目に沿ってサンディングする。フラッシュ板の表面は単板(化粧合板)が0.5mm厚程度と薄いので、細かい番手で軽く研ぐよう注意する。

17. 塗装

作業性を考え、収納本体部と背板部はそれぞれ別に塗装する。ほこりなどを拭き取り、塗装し、終了後、収納本体部と背板部を針釘や木ネジで固定する。

17.

18. 完成

18.

収納家具の歴史と分類　田代真

椅子が形状から脚物家具と呼ばれるように、収納家具は箱物家具という。収納家具が必要になった条件として生活が豊かになり、住まいに生活用品が増えたことが挙げられる。ヨーロッパでは中世まで衣類などやうつわを「チェスト」と呼ばれる蓋の付いた大きな箱に収納していたが、16世紀後半にイタリアで引き出しを3段に重ねた収納家具が作られた。最初は蓋の付いた箱状の物に収納していたものが、扉や引き出しの付いた出し入れのしやすい家具が作られるようになったのである。

日本では衣類を収納する家具として、箪笥と呼ばれる家具が江戸時代から作られるようになった。箪笥は引き出しと戸棚から構成される収納家具である。それまで「葛籠《つづら》」や「行李《こうり》」、「長持ち」などの箱に収納しており、箪笥が庶民に普及するのは江戸時代後期になってからである。

和箪笥は本来、様々な広葉樹を材料として作られた家具を指すが、古くから和箪笥の代表として桐箪笥がある。桐を材料とした白木の美しい箪笥である。桐は防虫効果があり衣類を保護するのに適した材料だが、傷が付きやすく、汚れやすいという欠点がある。ただし削って修復することができる。和風建築にはよく合うものの、現代の洋風の部屋には調和せず次第に姿を消していった。

ほかに、階段の下を有効活用した階段箪笥、商船の中で使用した船箪笥、医者や薬屋が使う薬箪笥などの特殊な家具も作られており、こういった和箪笥が洋風のデザインを取り入れて現代の意匠に変化していったのである。

家具は和家具と洋家具に分かれ、今では普通に家具といえば洋家具のことを指す。また家具は「置き家具」と「造り付け家具」に分けられる。置き家具は「セットオン家具」とも呼ばれ、自立する家具を指す。造り付け家具は「ビルトイン家具」とも呼ばれ、建築の構造を借りて自立する家具を指す。

日本の戦後の収納は置き家具が主流であったが、現代の住まいは洋室にクロゼットなどの造り付け家具が備え付けられ、置き家具は減少しつつある。造り付け家具のほうが部屋にすっきり納まること、建築の段階で設計されているため入居してから家具を購入しなくてもよいという利点がある。

収納家具の種類と変化

収納家具は収納するモノによって様々な種類に分けられ、使用される部屋名を付ける場合もある。

●下駄箱（玄関キャビネット）

下駄箱は江戸時代に普及した下駄を収納するために作られた。戦後は玄関に高さ900mm程度の下駄箱が置かれ、花を飾ったり電話機を置くことが多かった。この頃は電話機を持てる家庭が少なく、近所の人が電話を借りやすいように下駄箱の上に置くことが普通であった。現在は床から天井までの高さの造り付け家具である玄関キャビネットと呼ばれるものが多く、靴だけでなくゴルフバッグや野球道具などのスポーツ用品の収納家具としても使用される。

●食器棚（ダイニングボード）

戦後家具の普及は椅子から始まった。それは住宅公団によって多くの団地が作られ、生活様式が平座から椅子式に変わったことが理由に挙げられる。食器棚はその普及と共に発展した。量産家具や既製家具という言葉ができたのは食器棚がはじめとされる。

食器棚はカップボードとも呼ばれるが、現在はダイニングボードやキッチンボードとも言う。最初は食器の収納が機能の中心であったが、食生活の欧米化に伴いオーブントースターなどの電化製品収納の必要性が生まれ、中段がオープンスペースとして形作られた。現在では炊飯器やオーブンレンジなど、多くの電化製品を考慮した食器収納と家電収納の機能を持つダイニングボードが増えている。

●サイドボード（飾り棚）

1955 年以降日本の居間は、座卓と茶箪笥から応接セットとサイドボードといったインテリアに変わっていった。サイドボードは居間のインテリア効果を高める飾り棚として使用されていた。本来ヨーロッパではダイニングルームに置かれ、食器類を展示する棚であった。現在居間はテレビが中心となり、サイドボードのような飾り棚からテレビを収納するリビングボード（テレビ台）を設置することが一般的となった。リビングボードはテレビの収納だけでなく録画、再生する DVD プレーヤーなどのメディアの収納が必要であり、電気配線の処理を考えなければならない。ユニットの組み合わせからなるシステム家具で、壁面全体を構成したリビングボードも多くなってきている。

●書棚

書棚は上台と下台に分かれているものが多く、下台が引き出しや扉で、上台がガラス戸の構成が多い。書棚は子供部屋や書斎に設置され書籍類を収納していたが、個人の趣味のものを収納したり飾る機能が求められるようになり、オープン形式の書棚が増えてきた。書棚とデスクと組み合わせた多機能な家具も作られている。

●洋服ダンス（ワードローブ）

原形は下台と上台に分かれた 2 段重ねである。下台が引き出しで上台が 2 枚扉からなるものであった。日本では戦後、婚礼セットとして洋服箪笥、和箪笥、整理箪笥、鏡台というセット販売が始まった。これは広島の府中家具が先駆けて開発し、産地としての名声を築いた。以降、家具店の販売は婚礼セットが中心となり、それに伴い洋服箪笥の形態も変化した。

当時は幅 900mm、高さ 1800mm が一般的だったが、最近は幅 1200mm、高さ 2000mm を超えるものが作られるようになり、ズボン掛けやネクタイ掛けといった小物収納の機能も工夫された。名称も洋服箪笥からワードローブと変化したものの、住宅の洋室にクロゼットが標準で設置されるようになり需要が激減した。

●整理箪笥（チェスト）

16 世紀、イタリアで作られた引き出し 3 段重ねが原形と言われる。下着類を収納するもので、これも婚礼セットの一つとして発展した収納家具である。現在の住宅のクロゼットには引き出しが備わっていることが少ないので、チェストの需要はワードローブほど減っていない。

2 点とも、写真提供：永大産業株式会社

6章

木のうつわと仕上げ

テーブルウェア・玩具・オーナメント・仕上げ

6-1

•

テーブルウェア

日本の木製テーブルウェアで木目を生かしたものはサラダボウルやサービストレイなどで、そのほかの和食器類は漆器《しつき》というカテゴリーに入る。漆は、欧米にはないアジア圏特有の樹脂であり、強靭で美しい塗膜が得られ、食器にもっとも安全かつ国内生産可能な塗料である。

「洗朱輪花鉢」1986、乾漆技法。φ 320 × 140

「布目八角膳」2002、指物技法。φ 410 × 150

「銀文屠蘇器」2006、糸鋸切り抜き。200 × 120 × 210　3作品とも十時啓悦

●刳《く》り物《もの》

動力を使わない木地として、手彫りによる刳り物がある。生産性は悪く時間がかかるが、基本的で独創性の高いものが表現できる。木の塊から外形をバンドソーで切り、内側から丸鑿で彫り始め（1）、豆鉋《まめがんな》で仕上げる（2）。外側も同様に彫り進める（3）。豆鉋の仕上げが終わったらサンドペーパーで表面を整える（4）。木目を生かすため透明な樹脂系塗料で塗装するが、塗装法については仕上げ（塗装）の項（p.92）で後述する。

刳り物のルーツは縄文時代に遡り、東北地方に多く、三内丸山遺跡や是川遺跡などで鉢の断片が確認されており、現在でも福島県檜枝岐《ひのえまた》などでは蕎麦のコネ鉢を釿《ちような》一丁で彫り出している。

木材で有機的な形態を量産するためには大型のルーターという機械が使われ、図面をコンピュータで処理し、盆や皿の木地が生産されている。しゃもじ、バターナイフなどもこの機械で量産できる。

1.

2.

3.

4.

手前から、バターナイフ（大・L190、小・L150）、サービングスプーンとサービングフォーク（L240）。岩手県産斧折樺《おのおれかんば》をサンダー加工仕上げ　プラム工芸

作品の講評

●曲げ輪作り

少し厚めの木を茹でて軟らかくしてから成形する。ぶなこや曲げ輪作りなどは、木材資源の豊富な産地で特産品として作られている。

ぶなこなどの曲げ輪作りは一般的に伝統工芸品というイメージが強いが、最近ではp.83で紹介する照明器具のような新しい試みがなされている。

ここでは一工夫したぶなこの盛り器を制作する。違う種類の木材のテープを加え、色の違いをデザインに反映させるだけで印象が変わり、用途が広がる。

糸鋸盤《いとのこばん》を使ってうつわの底板を作り（1）、市販されている木のテープを水に入れて軟らかくしておく（2）。いくつかの異なる色の製材された単板（3、4）を、カッターナイフで細く切って木のテープを作る（5）。次に、うつわの形を整える台を用意する（6）。底板を当てて木のテープを巻き込み（7）、台に被せて玄能《げんのう》で叩き、形を整える（8）。内側と外側を豆鉋で削る（9）。同じように内と外にボンドを塗装して固め（10）（11）、乾燥後、サンディングして、塗装を施し完成（12）。

1.

2.

3.

4.

5.

6.

7.

8.

9.

10.

11.

12

円錐型の曲げわっぱ。ビアカップ（2000　小φ 62 × 98、大φ 83 × 102）、アイスペール（1996　φ 152 × 120）　栗久

「BUNACO LAMP」ブラケット BL-B493　2004　φ 300 × 125。ブナ材をテープ状にしたものを巻き付け、その後、押し出し成形　望月好夫／ブナコ漆器製造。左は横から見たところ。

ぶなこを工夫した盛り器。2 点とも学生作品

●ロクロ（挽物）

テーブルウェア木地でもっとも多く生産されている技法である。古くは人力で軸を回転させていた。回転軸の先に固定した木材に刃物を当てることにより回転体のうつわができる。木の繊維方向によって縦挽き、横挽きがあり、技術やセットの方法が異なる。

ほかに回転させて削る方法には旋盤《せんばん》という機械があり、木を両端から支えて回し、真横から刃物を当てる。バットやこけしなど棒状の加工に適し、椅子やテーブルの脚部、ウィンザーチェアのスポーク部分などで利用する機械である。

「シュガーボウル」。スプーンは右の砂糖壺の蓋に入る。ケヤキ材に拭き漆仕上げ　φ 95 × 120　高田晴之

●桶作り

木を寄せ集めてタガで締める、木の特性を利用した組み方を言う。縦方向の木に角度を付けて削り、丸や楕円に寄せ合わせ、竹や金物で締める。水や酒など水分が入ると膨張し、漏れない容器となる。

風呂桶　2008　青森ヒバ、真竹、真鍮。900 × 700 × 800　南部桶正

飯櫃　2007　スギ、真竹　φ 210 × 170。飯切り　2007　スギ、真竹　φ 360 × 100　南部桶正

●指物《さしもの》

木材を組み合わせて器物《きぶつ》を作る方法で、精巧な細工物として、重箱、膳、角盆などが作られる。木組みで構成され材料の無駄が少ない。桐箪笥も指物技術である。

「小箱」2003　ヤマザクラ材、オイルフィニッシュ。97 × 97 × 60　吉野郁夫

「ペンケース 75」1985 ～　ナラ材（箱本体）、積層コルクシート（天板）、カリン材（留め具、蝶番）、ウォールナット（手）、ウレタンオイル手塗り。195 × 75 × 40　丹野則雄

「楠造拭漆隅切箱」1991　クスノキ材縮杢 (本体)、黒柿材（縁材）、ツゲ材、指物 (袋天秤組手組み)。160 × 247 × 167　北川八十治

●寄せ木細工

いろいろな色の木を集めて接着して削り出し、様々なパターンを意匠とする細工である。箱根の寄せ木細工は文様の入った表皮を小箱に貼ったものがよく知られている。

特殊なものとして、竹や籐、また紙をこより状にして編んだものを塗装して強度を保つうつわ、竹の芯をベースに和紙を貼る一閑張《いつかんば》りなどもある。

「ジュエリーケース H_2O」2008　ウォールナット、ミズキ、苦木、桂、パドックの寄せ木と指物。325 × 190 × 72　露木清勝

「抹茶椀」2008　ウォールナット、桂神代、ミズキの寄せ木を木地挽。大 150 × 150 × 90、小 150 × 150 × 70　露木清高

6-2

●

玩具・オーナメント

玩具やオーナメントといったジャンルも木による表現として近年興味深い作品が増え、とくに海外において造形的で質の高いものが多い。たとえばスイスのネフ社の玩具は精緻かつカラフルであり、テーブルオーナメントとしても有名である。

また、日本でも作家たちの活躍により、木の持つ魅力が広められ、家具、インテリアに影響を及ぼす力となっている。

とくに若手作家の活躍が目立つ。世相を反映させた寄せ木によるオブジェや、原木の姿からは想像できないほど、木を小さなパーツに加工して再構築する造形作家がいれば、一方で木目の繊維を生かした作品を作る造形作家もいる。乾漆技法《かんしつぎほう》による装身具や、木と布あるいは糸など異素材とのコラボレーションも新鮮な木工表現かと思う。

元来、家具には金物など金属が必要であり、たとえば土瓶の把手に籐細工を使うように、木と異素材の組み合わせは自然な発想であったと思うが、技術の進歩によって、より専門的かつ細分化され無機的なデザインが主流となっているように思う。異素材との組み合わせを造形作家による試みとして受け止めるだけではなく、身の周りの道具や家具などにも、適材適所を心得た試みがなされるべきだろう。

幼児用木製玩具「シャベルカー」1983～　ムクのブナ材。120 × 120 × 110　神戸憲治／あしがら物産

幼児用木製玩具「パズル自動車」1983～　ムクのブナ材、合板（窓)、「シャベルカー」ともに強度を増すため接合部にダボを使用。160 × 180 × 150
神戸憲治／あしがら物産

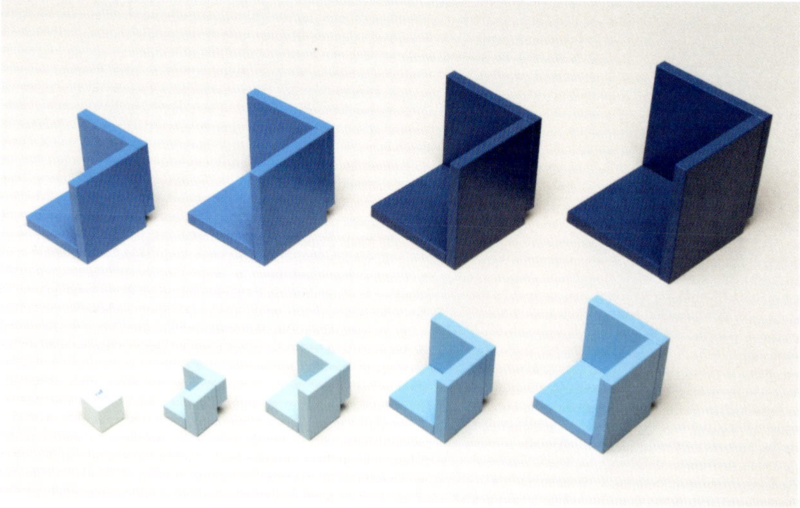

「Cella セラ」1980　カエデ材　最大パーツ 100 × 100 × 100　デザイン : Peer Clahsen（ペア・クラーセン）／ Naef Spiele AG SWISS

「アインとニーチェ」2005　ケヤキ、ウォールナット、ホワイトアッシュ、チークの寄せ木、木象嵌など。392 × 476 × 232　中川岳二／テイクジー・トイズ

「堕ちた天使」1980　ローズウッド、チーク。260 × 130 × 220　島添昭義

「何でも喰う奴」2005　パドック、ホワイトウッド、絹、木綿、麻。木ベースに糸を巻く。2200 × 150 × 2100
島添昭義＋佐伯和子

「森守」2003　カリン、タガヤサン、絹、木綿、麻。木ベースに糸を巻く。1800 × 1200 × 1800　島添昭義＋佐伯和子

「UPPER BODY ORNAMENT 1995- Ⅱ」1995　麻布と漆の乾漆、夜光貝とメキシコアワビ貝の螺鈿。540 × 430 松島さくら子

「UPPER BODY ORNAMENT 1993- Ⅲ」1993　麻布と漆の乾漆、漆下地、金粉ほか。580 × 520　松島さくら子

6-3
●
仕上げ(塗装)

●塗装計画

塗装には、様々な塗料や塗装法があるが、ここでは木工の塗装に範囲を絞る。木材用塗料には乾性植物オイル系と樹脂系さらにワックスなどがある。塗装技術は刷毛塗り(1)、拭き取り法(摺り込み)(2)、ガン吹き(3)の3種類で、それぞれに必要回数重ねる。シンナーを溶剤とする速乾性の塗料はガン吹きで塗布することになり、専門技術が必要である。

塗装する前に、耐水性、耐衝撃、耐摩耗、耐紫外線など様々な条件と用途に適した塗装計画を立てる。木材は水分を吸い込むとバクテリアを繁殖させ、シミや腐れの原因になるが、水分が付きにくい作品は汚れが気にならない程度の、浸透塗料の拭き取りで十分である。また、玩具など安全性を優先するものは植物由来の塗料を選ぶべきである。

テーブルトップなどは木目を生かす塗装が好まれるが、汚れないようにするため一般的には透明な樹脂系塗料で塗膜を作る場合が多い。一方、合板など安価な木で作り、塗装で素地を見えなくする方法を隠蔽塗装と言い、あらかじめサフェイサーといった下地剤で導管を埋めてから好みの顔料入り塗料で上塗りする。同じ色の仕上げでも木目に沿った導管を開け、それを意匠とするオープンポア(目はじき塗り)という方法もある。

塗料は、ウレタン、ラッカーなど大まかに呼び分けていたが、最近では、シックハウス症候群などに対応するため、石油化合物系塗料と植物生物系塗料に大別される。植物系には漆塗りのほかに柿渋塗りがあり、最近では亜麻煮油、ひまわり油、荏胡《えごま》麻油など乾性植物オイルを調合した摺り込み塗装の種類も増えた。また、イボタロウやカイガラムシなど昆虫の分泌物を白木に磨き込む、白木ワックスと呼ばれる方法もある。

●漆塗り

さて漆塗りであるが、一般に漆器については近年、プラスチックの代用品が氾濫して本物が見極めにくい状況にある。素地が木かどうか、漆ではなく代用塗料が使われていないかなど、調べたい。

技法については、産地によって工程が若干異なる。たとえば、輪島塗りと京塗りを比べると下地の材質、手法の違いがある。ここでは、関東で塗られている方法を紹介する。

比較的おとなしい広葉樹の木地に塗る場合、まず生漆《きうるし》をテレピン油で少し薄めて木地に塗る「固め」という工程から始める。強度が必要な場合、布や和紙を糊漆《のりうるし》で貼り付ける。乾いたら下地付けをする。荒目の地《じ》の粉《こ》を生漆と混ぜてヘラなどで付ける。乾いたら軽くサンドペーパーで研ぎ、少し細かい切粉《きりこ》を付ける。さらに細かい砥《と》の粉《こ》を混ぜた錆《さび》という下地を付ける。ここまでが下地段階となる。必要に応じて回数を増やすが、平滑な仕上がりはここで決まるので最後の水研ぎは丁寧に行うこと。

次から漆のみを塗り重ねる工程に入る。最初に生漆で固め、黒漆を下塗り、中塗り、上塗りと毎回水研ぎして塗り重ねる。上塗りが黒以外の場合、絵を描くための漆など好みの色漆は各自で作る。色漆は、朱合漆や木地呂漆に色粉を練り合わせる。

ここまでの漆塗り工程はおもに日用品である食器や家具などに対応するものである。ここでは触れないが、複雑なパターンや絵画的装飾となると、その工程は込み入ったものとなる。

拭き漆

簡易な仕上げとして拭き漆という方法がある。生漆をテレピン油で少し薄め、何回か摺り込み(拭き込み)を繰り返し、光沢が出てきたら作業を終える。

拭き漆の工程半ばに、透き漆という半透明の漆を塗る木地呂仕上げという塗り方もある。

1. 乾性植物オイルの刷毛塗り

2. 乾性植物オイルの拭き取り（摺り込み）

3. 樹脂系塗料のガン吹き

漆塗りの工程

固め

下地段階の水研ぎ

黒呂色漆を下、中、上と塗り重ねる時は、そのたびにゴミを取るために漉す。漆漉しと言う。

黄色漆を作る

塗りの工程を椀で示す。手前から白木地、布着せ、錆付け、黒塗り

「研ぎ」と「磨き」

漆塗りでは研ぎの作業を何度も繰り返すことになる。研ぎは地を荒らして塗りやすくするために行う。もともとは炭で研いでいたが、今は代わりにサンドペーパーを使うことがほとんどである。水研ぎとは水を使ってペーパーをかけること、空研ぎは水を使わないことを言う。

後述する木地呂塗り磨き仕上げや、本堅地塗り呂色仕上げ工程で示すように、塗り工程の後の仕上げでは現在でも呂色炭などで研ぐ。また光沢を出す作業として、胴摺りという工程があり、炭粉と菜種油で磨く。さらに、鹿の角を焼いて粉にした角粉と菜種油で磨く「磨き」と呼ばれる作業がある。

●様々な塗りと仕上げの工程

拭き漆

1. 木地調整
2. 木固（生漆）
3. 目止めとして砥の粉錆（砥の粉と水と生漆を合わせたもの）を摺り込む・乾いてから耐水ペーパー＃600で水研ぎ
4. 摺り漆を2回繰り返して塗り、耐水ペーパー＃800で水研ぎ
5. 摺り漆を繰り返す

木地呂塗り磨き仕上げ

1. 木地調整
2. 木固（生漆）
3. 目止めとして砥の粉錆を摺り込む・乾いてから耐水ペーパー＃600で水研ぎ
4. 摺り漆を1回塗る・耐水ペーパー＃800で水研ぎ
5. 朱合漆中塗り・耐水ペーパー＃800で水研ぎ
6. 木地呂漆上塗り（塗り工程終了。次からは磨き仕上げ工程に入る）
7. 耐水ペーパー＃1500か桐炭で水研ぎ
8. 胴摺（菜種油と炭粉で磨く。コンパウンドなど代用品を用いても可）
9. 摺り漆を摺る
10. 磨き（角粉と菜種油で磨く。アモールなどの代用品を用いても可）
11. 摺り漆を摺る
12. 好みにより繰り返す

本堅地塗り呂色仕上げ

1. 木地調整

2. 木固（生漆を多少薄めて塗る）

3. 布着せ（糊漆）・サンドペーパー＃ 240 で空研ぎ

4. 地の粉下地付け（地の粉＋水＋生漆）・サンドペーパー＃ 240 で空研ぎ

5. 切粉下地付け（砥の粉＋水＋地の粉＋生漆）・サンドペーパー＃ 320 で空研ぎ

6. 砥の粉下地付け（砥の粉＋水＋生漆）・耐水ペーパー＃ 320 で水研ぎ

7. 木固め（生漆を薄めたものを塗る）・サンドペーパー＃ 320 で空研ぎ

8. 黒呂色漆下塗り・耐水ペーパー＃ 400 で水研ぎ

9. 黒呂色中塗り・耐水ペーパー＃ 500 で水研ぎ

10. 黒呂色漆上塗り（塗り工程終了。次からは呂色仕上げ工程に入る）

11. 耐水ペーパー＃ 1500 か桐炭で水研ぎ

12. 胴摺（菜種油と炭粉で磨く。車用のコンパウンドなど代用品を用いても可）

13. 摺り漆を摺る

14. 磨き（角粉と菜種油で磨く。アモールなどの代用品を用いても可）

15. 摺り漆を摺る

16. 14 と 15 を繰り返す。曇りがなくなったら仕上り

布目塗り

1. 木地調整

2. 木固（生漆）

3. 布着せ・サンドペーパー＃ 240 で空研ぎ（漆の摺り込みなどの下地工程は省く）

4. 黒呂色漆下塗り・耐水ペーパー＃ 320 で水研ぎ

5. 黒呂色漆中塗り・耐水ペーパー＃ 320 で水研ぎ

6. 色漆上塗り・耐水ペーパー＃ 800 で水研ぎ

7. 摺り漆を摺る

石目塗り

1. 木地調整
2. 下地工程（木固から黒呂色漆下塗り・研ぎまで）は省く
3. 黒呂色漆中塗り・耐水ペーパー＃ 500 で水研ぎ
4. 色漆塗り・同色の乾漆粉《かんしつふん》を蒔く
5. 完全に乾いてから、余分な粉を取り去る・希釈した漆を塗り固める
6. 凸面のみ耐水ペーパー＃ 800 で水研ぎ
7. 摺り漆を摺る（p.95、本堅地塗り呂色仕上げの、12. 以降の工程を参照）

菜々粉塗り

1. 木地調整
2. 下地工程（木固から黒呂色漆下塗り・研ぎまで）は省く
3. 黒呂色漆中塗り・耐水ペーパー＃ 500 で水研ぎ
4. 黒漆を塗る・粟粒を蒔く
5. 完全に乾いてから手で粟粒を払い落とす
6. 違う色漆を塗る
7. 耐水ペーパー＃ 600 から＃ 1000 で水研ぎ
8. 摺り漆を摺る（p.95、本堅地塗り呂色仕上げの、12. 以降の工程を参照）

箔貼り

1. 木地調整
2. 下地工程（木固から黒呂色漆下塗り・研ぎまで）は省く
3. 黒呂色漆中塗り・耐水ペーパー＃ 500 で水研ぎ
4. 任意の漆を上塗り
5. 箔下漆を摺り込み、箔を貼る・真綿で押さえる
6. 竹串などで文様を入れてもよい
7. 摺り漆で整える

手板制作：本多沙映

「銀刷毛文椀三種」2004　十時啓悦

資料篇

●

木の特徴と適性
（軟らかい材木順）

バルサ
アオイ目パンヤ科の熱帯アメリカ産の代表的な軽軟材。材はやや赤みを帯びた白色で、木目は粗い。加工は容易でカッターナイフでも切れる。フロート、絶縁材、モデル用材などに適している。

ラワン
フタバガキ科の常緑広葉樹の総称。木目は不明瞭で、軽軟な材が多く加工は容易。合板材、建築用材、家具用芯材、箱材など。代表的な南洋材だが、蓄積量が減ったため最近は類似材が多い。

ラミン
心辺材の区分は明らかでなく、黄白色で均一。加工は容易だが、釘打ち時に割れやすい。家具、建築用材、建具、合板材など。ワシントン条約の絶滅危惧種の付属書 II に記載。

ウルシ
中国、インド原産。漆液採取のため各地で栽培される。辺材は白色、心材は鮮黄色。寄木細工や木工用材として使われる。

トチノキ
トチノキ科トチノキ属の落葉広葉高木。心材と辺材の色の違いはほとんどない。材は木目が美しく、光沢がある。軽軟で、加工が容易。造作材、建具、家具、食器類など。

■ 一般的な家具用材

ブナ
ブナ科ブナ属の落葉広葉高木。心辺材の区別はない。保存性が低く伐採直後に腐朽しやすいが、材としては木肌も美しく強靭。家具、器具など。とくに曲げ木、挽物に適する。

ウォールナット（日本ではクルミと同種で色は薄い）
心材は桃褐色から暗褐色。辺材は灰白色。家具、キャビネットなど（高級家具に広く用いられる。（突板にして合板加工し用いることが多い。

ミズナラ（ナラ／オーク）
ブナ科コナラ属の落葉広葉高木。辺材は灰白色、心材は暗灰褐色。柾目面に虎斑が表れる。材は重硬で、切削などの加工は困難。具用材、洋酒の樽材、建築材（床板）、枕木、器具材など。

ヤチダモ
モクセイ科トネリコ属の広葉樹高木。辺材は黄白色、心材は褐色。年輪は明らかで、年輪幅が広いと密度が高く重硬になる。家具、各種器具、合板など。「タモ」ともいう。

トネリコ
モクセイ科トネリコ属の広葉樹高木。心材は淡い黄褐色、辺材は淡い黄白色。材質は強靭で粘りがあり、曲げに強い。運動具、ステッキ、曲げ木などに用いられる。

カエデ
カエデ科カエデ属の落葉広葉高木。辺材と心材の区別は、はっきりしない。木目の美しいものは、突板や装飾用材にすることが多い。とくにヴァイオリンの背板用材として知られる。

カバ
カバノキ科の落葉広葉高木。日本で

も数種を産出するが、家具・造形材として広く用いられるのはマカンバやミズメ。材は硬く木目が緻密で美しい。俗にサクラ材と呼ばれる。

チーク（外材）

クワ科の熱帯産広葉樹高木。材色は淡い紅褐色で、光沢がある。材は収縮や狂いが少なく､耐久性に優れる。高級用材として、船舶用材、家具、工芸などに用いられる。

ニレ

ニレ科ニレ属の落葉広葉高木の総称。辺材は黄白色、心材は淡褐色。木目はほぼ通直、明瞭で美しい。材は硬くて強靭。建築用材、家具などに用いられる。（ケヤキの代用材）

ケヤキ

ニレ科ケヤキ属の落葉広葉高木。磨くと光沢がでる。心材と辺材の区別は明瞭で、年輪もはっきりとしている。建築構造材、器具、盆・漆器の木地、家具、単板など。

■ 唐木細工の代表的な用材

ローズウッド（シタン）（外材）

マメ科の広葉樹高木｡辺材は黄白色、心材は黒紫色で美しく、その装飾的な材面が古くから賞用されてきた。新鮮な材は、バラの花のような香りを持つ。唐木細工、家具、指物など。

コクタン（外材）

カキノキ科の広葉小高木。黒色を主とした色調の心材と、灰白色の辺材の区別は明瞭。一般に材は緻密で重硬で、比重がもっとも大きい木材の一つ。木肌は光沢があり美しい。

■ 針葉樹

ヒノキ

代表的な国産優良針葉樹。心材はほぼ白色で耐久性が高い。辺材は淡紅色。一般用材として幅広い用途を持ち､とくに神社建築には重要な木材。

マツ

マツ属樹種の総称。常緑の高木または低木。北半球の温帯から熱帯の山地に約100種が分布。一般に年輪が明瞭で、木理は通直。

スギ

代表的な造林樹種。心材は淡紅色。辺材は幅が広く白色もしくは淡い黄白色。建築一般、建具ほか一般用材としてもっとも幅広く用いられる。

ツガ

マツ科ツガ属の常緑針葉高木。材はやや硬くて光沢があり、耐水性、耐湿性に優れる。建築用として広く使われるが、とくに四方柾の柱として賞用される。「トガ」ともいう。

モミ

マツ科モミ属の常緑針葉高木。心辺材ともに黄色みを帯びた白色で、ほとんど無臭。木目は通直で、木肌は粗い。建築用材、建具のほかに、棺、卒塔婆など葬祭用にも使われる。

用語解説

あ

蟻溝

木目と直角に穿《うが》った溝穴。板の反りを防ぐための細長い小木片をはめ込む。蟻穴（蟻ホゾ）のことではない。

受け座

受け座金物。①扉などの回転軸を受ける軸穴に取り付ける金物　②枠に打ち付けて、錁錠の掛け金具、箱錠のラッチボルト・デッドボルトを受ける穴を開けた金物。

か

柿渋塗り

未熟な渋柿の果実を粉砕、圧搾して得られた汁液を発酵させたものが柿渋。柿タンニンやシブオールを多量に含み、また発酵によって生じた酢酸や酪酸の臭気を有する赤褐色半透明の液である。これを木や布、紙などに塗って防水、防腐用とする。

笠木

塀、腰羽目などの上端を連結する横木のこと。

片持ち構造（カンティレバー）

一端を固定して支え、他端を空中に突き出した構造のこと。

乾漆（かんしつ）

漆で素地を作る技法。脱乾漆と木心乾漆とがある。仏像などで行われたが、現在は鉢、皿、花瓶などの素地にされる。また、長期間貯蔵して塊にした漆を指すこともある。

乾性植物オイル
乾燥性の脂肪酸（リノール酸、リノレイン酸など）を含む植物性油の総称。薄い層の状態で空気にさらすと酸素を吸収して乾燥し、透明な固体になる。亜麻仁油、ポピー油、クルミ油など。

木地
①白木（しらき）②木目・材色など、木材の持つ地質のこと　③漆塗で、漆を塗る前の器物。「素地」ともいう　④ロクロ挽や木彫の工程で、粗挽した材のこと。

木地呂漆
生漆を精製したものを木地呂漆という。

木取り
①伐採した乾材を調べて、もっとも有利な製材ができるように切断位置を決めること、また裁断すること　②丸太や半製材品を用途に合わせて挽材にする方法。

京塗り
下地に山科産の粉を使い、比較的薄手で装飾的な漆器。

組み手
二つの部材を組み合わせる方法、または組み合わせた部分のこと。

黒漆
生漆を硫化鉄や鉄分などで精製した黒色の漆のこと。

ケンドン
倹飩、慳貪。家具・建築物の構造で、箱状部側面の蓋・扉の開閉手段の一つ。左右の溝に沿って上から蓋・扉を落とし込むもののこと。倹飩箱、倹飩蓋。

駒
材と材の間に挟んで間隔を保つ鉄や木の小片のこと。

木口面（こぐちめん）
樹幹や枝の中心軸に直角に切り取った木材の断面。木材の繊維に直角で、成長層が年輪となって表れる。「横断面」「木口《きぐち》」、「木口《こぐち》」ともいう。

鏝鑿（こてのみ）
柄と刃が段になっている鏝型の穂先を持つ、仕上げ鑿の一種。普通の鑿では当たって使えない段のついた場所、長い溝の底さらいなどに使用する。

木端口（こばぐち）
板や溝などの長手方向の側面のこと。「傍《そば》」「脇《わき》」ともいう。

さ

さすり
二つの材の面が同一平面になっていること、またそのように仕上げること。「ぞろ」「面一《つらいち》」ともいう。

錆漆
砥の粉を水で硬く練ったものに、生漆またはせしめ漆（瀬〆め漆：顔料を混入していない漆）を加えて練り合せたもの。おもに下地材。単に「錆」ともいう。

サフェイサー
①下地塗料の一つ。塗布することで表面を強化し平滑感を与える。油性とラッカー性があり、顔料を多く含む　②板の厚さを一定に削るのに使われる平削盤。

サンドペーパー
布や紙に金剛砂・珪石・ガラス粉を付着させたやすり。粗さは番号で表し、数が大きくなるほど細かくなる。数字の小さい粗いものから、順に数字の大きい、より細かいものに変えながら仕上げていく。「研磨紙」「紙やすり」ともいう。

シェーカー家具
18世紀中頃、イギリスで起こったクエーカーの一派であるシェーカー教徒が、アメリカに渡って集団生活をしたが、そこで作られた飾り気のない、単純明快な形態、構造の家具。

仕口（しくち）
①角度をつけて、二つ以上の木材を接合すること。渡掛け仕口と組立て仕口がある　②家具の接合方法の総称。

下端（したば）
一般に、ものの下部または下面のこと。

地の粉（じのこ）
下地材の一つ。酸化鉄やマンガンなどを含む粘土を焼いて粉砕したもの。漆の下地や木部の塗装の目止めなどに用いられる。輪島では珪藻土を使う。

四方転び（しほうころび）
規矩において、四隅の柱または四本の脚が、内側にわずかずつ傾いて台形状になっていること。

植物生物系塗料
イボタロウ、エゴマ油などの乾性植物オイルを指す。古くから使われてきた油や昆虫の分泌物。

隅木（すみぎ）
角木。家具において、板や枠材などの角の接合部に補強のためにつける木片のこと。「隅付」ともいう。

墨付け
木材の面に墨糸や墨刺《すみさし》で線や印を付けること。

た

畳ズリ
畳を傷付けないように、椅子の前後の脚の端部を連結する一本の直線材。

蝶番（ちょうばん／ちょうつがい）
丁番。建具類、蓋などを開閉する際に軸とする金物の総称。「丁双」ともいう。

チリ
散り。二つの平面間の差を表す総称、またはその段差のある場所。

ツラ
面。建築、造園、工芸などにおいて、ものの表面の総称。「おもて」ともいう。

テレピン油
マツ科の樹木のチップ、あるいはそれらの樹木から得られた松脂を水蒸気蒸留することによって得られる精油のこと。松精油、ターペンタインともいう。

砥の粉（とのこ）
砥粉。水簸《すいひ》した粘土を、水またはふのりの薄い液で練って作ったもの。木部に摺り込み、目止めに用いる。また漆やワニスなどの下地に用いる。

な

二枚刃カンナ
表刃（本刃）と小型の裏金の二枚で一つのカンナ刃を構成する。合（あわせ）ガンナともいう。使用されるようになったのは明治時代に入ってからで、洋風カンナの逆目防止の原理に影響を受けて考案されたものであろう。

貫（ぬき）
柱などの垂直材を貫いて、構造を固める水平材のこと。

糊漆
生漆とでんぷん糊を練り合わせたもの。漆器の下地材料。漆塗りの工程で、補強のための麻布や寒冷紗を貼り付けるときなどに使用する。

は

歩留まり（ぶどまり）
原料の使用量に対する製造品の量の比率。

枘（ほぞ）
木材などを接合する際に、一方の材の端を切り欠いて作る突起のこと。これを他方の材の枘穴に差し込んで接合する。

ま

ムク板
表面への張り物や集成をしていない、単一の素材でできている中実な木材。

目切れ
製材品の繊維の方向がその材の長軸に平行でないために、木理が途中で切れていること。強度が劣り、塗料などは吸収されやすい。

面取り
角断面を持つ部材の出隅・稜角を削り取り、面を作ること。

木理（もくり）
木目。木材の断面に年輪によって表れる模様。「肌理《きり》（きめ、とも呼ぶ）」「グレイン」ともいう。とくに美しい工芸的価値のあるものを「杢《もく》」という。

持ち出し
柱などの支点から突き出した水平材のこと。または突き出した部分。

や

雇い核（やといざね）
雇い実。接合する部材とは別の木で作った核（さね）のこと。一つの核を、それぞれの部材に彫った溝にはめ込み接合する。「入核（いれざね）」ともいう。

わ

輪島塗
石川県輪島市で生産される漆器。薄手の木地に下地や塗りを厚く施すため堅牢。下地に珪藻土を焼いた特産の地の粉を用いる。沈金装飾を特徴とする。江戸中期に盛んとなり、現在に及ぶ。

ワックス
白ロウ、蜜ロウ、カルナウバロウなどをテレピン油に溶解してクリーム状にしたもの。木材のワックスフィニッシュや、床・家具などを手入れする際のつや出しに用いられる。

木工のための
ショップリスト

（2009年1月現在）

初めて木工を始める人、経験者、上級者まで、多くの人が使えるようリストアップした。家具メーカー、ショールーム、インテリアショップなどはアイデアやコンセプトをまとめる際の市場調査としてうまく活用したい。家具から小物まで総合的なテーマでインテリア空間を提案する複合施設やデパートも市場調査に欠かせない。また、ホームセンターの木工コーナーは実物を手に取って見ることができ、気軽に利用できる。実際の作業を始める前にそういったところで事前調査をすませておくのも一つの方法である。初歩的な相談にも応じてくれるというメリットもある。

ここでは東京近郊のリストとして作成したが、地元産業や伝統文化に根差した特色ある店や職人は各地に多く、リストアップすればきりがないほどである。木工を学ぶにあたって、自分の足もとの文化や産業を知ることは、発想や実制作にもプラスとなるはずだ。市場調査をかねて自分なりの特色あるショップリストを作ってみよう。

●木材店

・株式会社ミセキ
〒135-0053 東京都江東区辰己 3-22-12　03-3522-0031

・株式会社鴨川商店（板屋是蔵）
〒136-0082 東京都江東区新木場 3-5-4　03-3521-5521　https://www.diyna.com/webshop/itayakorezo/

・有限会社本所銘木商会
〒130-0024 東京都墨田区菊川 3-11-12　03-3634-4011

・株式会社オグラ
〒967-0312 福島県南会津郡南会津町熨斗戸 544-1　0241-78-2953　http://www.lc-ogura.co.jp/index.htm

・丸石木材株式会社
〒144-0044 東京都大田区本羽田 2-7-22　03-3742-2421

・南部木材有限会社
〒399-0702 長野県塩尻市広丘野村 1481-6　0263-54-0616　http://kouyouju.com/

●家具用金物

・スガツネ工業株式会社（東京ショールーム）
〒101-8633 東京都千代田区岩本町 2-5-10　03-3864-1122　http://www.sugatsune.co.jp/index.html

・株式会社ムラコシ精工
〒184-8595 東京都小金井市緑町 5-6-35　042-384-0330　http://www.murakoshiseikou.com/

・アトムリビンテック株式会社
〒110-8680 東京都台東区入谷 1-27-4　03-3876-0606　http://www.atomlt.com/

・株式会社ハーフェレジャパン
〒224-0806 神奈川県横浜市戸塚区上品濃 14-17　045-828-3111　http://www.hafele.co.jp/
ハーフェレジャパン新宿ショールーム
〒163-1007 東京都新宿区西新宿 3-7-1 リビングデザインセンター OZONE 7F　03-5324-0577

・ヘティヒ・ジャパン株式会社
〒101-0052 東京都千代田区神田小川町 3-8-5 駿河台ヤギビル 2F　03-5283-2941　http://www.hettich.jp/

・タカトク金物株式会社

〒105-0004 東京都港区新橋 4-4-4　03-3432-4366　http://www.takatokukanamono.com/

・このほか、東急ハンズ各店舗のほか、ホームセンターなど。

●建築内装材、家具用材料

・アイカ工業株式会社（東京ショールーム）

〒176-0012 東京都練馬区豊玉北 6-5-15 アイカ東京ビル　03-5912-2782　http://www.aica.co.jp/showroom/tokyo.html

●突板合板、ランバーコア、ベニヤ

・ウッド建材株式会社

〒354-0045 埼玉県入間郡三芳町上富 890-1　049-258-2251　http://www.bond-syoji.co.jp/wood/

●家具メーカー

・株式会社アイデック

〒107-0062 東京都港区南青山 2-24-15　青山タワービル　03-5772-6330　http://www.aidec.jp/

東京ショールーム　〒107-0062 東京都港区南青山 2-24-15　青山タワービル別館 1F　03-5772-6660

・株式会社カッシーナ・イクスシー

〒150-0022 東京都渋谷区恵比寿南 2-20-7 CIX ビル　03-5725-4171　http://www.cassina-ixc.com/

ショップ：カッシーナ・イクスシー青山本店

〒107-0062 東京都港区南青山 2-12-14　ユニマット青山ビル 1、2、3F　03-5474-9001

・株式会社アルフレックス ジャパン

〒150-0012 東京都渋谷区広尾 5-8-14 7F　03-5447-0300　http://www.arflex.co.jp/

直営店：アルフレックスショップ東京　〒150-0012 東京都渋谷区広尾 1-1-40 恵比寿プライムスクエア 1F　03-3486-8899

・カール・ハンセン＆サン ジャパン株式会社

〒107-0062 東京都港区南青山 3-1-7 青山コンパルビル 1F　03-3408-7640　http://www.carlhansen.jp/

・株式会社カンディハウス

〒079-8509 北海道旭川市永山町 6 丁目　0166-47-1188　http://www.condehouse.co.jp/

ショールーム：カンディハウス東京

〒160-0023 東京都新宿区西新宿 1-23-7 新宿ファーストウエスト 3 F　03-5339-8260

・HIDA/ 飛騨産業株式会社

〒506-8686 岐阜県高山市名田町 1-82-1　0577-32-1005　http://www.em-hida.jp/

おもな店舗：HIDA/ 飛騨の家具館 東京　〒105-0001 東京都港区虎ノ門 4-3-13 神谷町セントラルプレイス 1F　03-5425-6661

・株式会社桜製作所

〒761-0122 香川県高松市牟礼町大町 1132-1　087-845-2828　http://www.sakurashop.co.jp/

おもな店舗：GINZA 桜 SHOP　〒104-0061 東京都中央区銀座 4-10-5 三幸ビル 1F　03-3547-8118

●インテリアショップ

・hhstyle.com　原宿本店

〒150-0001 東京都渋谷区神宮前 6-14-2　03-3400-3434　hhstyle.com オンラインショップ　http://www.hhstyle.com/

・CIBONE AOYAMA

〒107-0061 東京都港区北青山 2-14-6 青山ベルコモンズ B1　03-3475-8017　http://www.cibone.com/

・BoConcept（株式会社ボーコンセプト・ジャパン）

〒154-0024 東京都世田谷区三軒茶屋 2-2-16 YK ビル 11F　03-5712-5021　http://www.boconcept.co.jp/

おもな店舗：BoConcept 銀座　〒104-0061 東京都中央区銀座 7-10-1 STRATA GINZA1、2F　03-3573-8081

・TIME & STYLE　EXISTENCE

〒107-0062 東京都港区南青山 4-27-15　03-5464-3205　http://www.timeandstyle.com/

・ACTUS（株式会社アクタス）

〒160-0022 東京都新宿区新宿 2-19-1 BYGS ビル 12F　03-5269-3201　http://www.actus-interior.com/

おもな店舗：ACTUS 新宿店　〒 160-0022 東京都新宿区新宿 2-19-1 BYGS ビル 1、2F　03-3350-6011

・ WISE・WISE

〒 150-0001 東京都渋谷区神宮前 5-12-7　03-5467-7003　http://www.wisewise.com/

・ KURAHAUS

〒 150-0002 東京都渋谷区渋谷 1-7-5-304　03-6418-1121　http://www.kurahaus.com/

おもな店舗：東急本店スタジオクラハウス　〒 150-8319　東京都渋谷区道玄坂 2-24-1　東急本店 6F　03-3477-3639

・ BC 工房株式会社

〒 229-0206 神奈川県相模原市藤野町牧野 13885　042-689-3558　http://www.bc-kobo.co.jp

おもな店舗：青山 BC 工房　〒 150-0001 東京都渋谷区神宮前 3-1-25　03-3746-0822

・ ILLUMS（株式会社イルムスジャパン）

〒 153-0044 東京都目黒区大橋 2-22-6　唐木ビル 6F　03-5738-0312　http://www.illums.co.jp/

おもな店舗：ILLUMS 池袋　〒 171-8569 東京都豊島区南池袋 1-28-1 西武池袋本店イルムス館 1F　03-5949-5535

●インテリアを扱う複合施設

・ リビングデザインセンター OZONE

〒 160-0023 東京都新宿区西新宿 3-7-1 新宿パークタワー 3 ～ 8F　03-5322-6500　http://www.ozone.co.jp/

・ 東京ミッドタウン

東京都港区赤坂 9-7-1 他　03-3475-3100　http://www.tokyo-midtown.com/

・ 伊勢丹／新宿店

〒 160-0022 東京都新宿区新宿 3-14-1　03-3352-1111　http://www.isetan.co.jp/

・ 松屋／銀座本店

〒 104-0061 東京都中央区銀座 3-6-1　03-3567-1211　http://www.matsuya.com/

図面、イラスト、1/5 モデル作成

田代真：すべてのアイデアスケッチ、1/5 三面図、原寸図。ほかに p.68、p.69、p.74、p.76

阿部大輔：p.22p・9-1 から 9-3 とイメージ図像、p.23、椅子 1/5 モデル、収納家具 1/5 モデル

長津徹：テーブル 1/5 モデル

北島八十治：p.46、p.47

大串哲郎：p.65（ウジェーヌ・ガイヤール、ヨーゼフ・ホフマンの椅子イラスト）

写真協力・編集協力（掲載順）

白鳥美雄
田枝幹宏
有限会社フランドル
ギャラリーむらうち
長橋亮
倉前幸徳
武蔵野美術大学美術資料図書館
寺原芳彦
山西輝
嘉悦翔子
廣瀬芳郎
清水映
漆畑匠
有限会社本所銘木商会
武藤尚美
山野目英実
原正樹
株式会社理工学社
永大産業株式会社
有限会社プラム工芸
有限会社栗久
ブナコ漆器製造株式会社
望月好夫
高田晴之
南部桶正
吉野郁夫
クラフト & デザイン タンノ／丹野則雄
露木清勝
露木清高
神戸デザインスタジオ／神戸憲治
株式会社アトリエ ニキティキ
テイクジー・トイズ／中川岳二
島添昭義
佐伯和子
松島さくら子
本多沙映

阿部大輔
長津徹
武蔵野美術大学木工研究室

著者紹介（執筆順）

十時啓悦（とときあきよし）

1950年大阪府生まれ。武蔵野美術大学教授。1974年東京芸術大学大学院漆芸専攻修了。漆芸家野田行作に師事。1979年青梅市に制作工房を開設。日本クラフト展優秀賞受賞（1977、1981）、第26回日本伝統工芸新作展奨励賞受賞（1986）、第1回兵庫ウッドクラフトコンペ大賞受賞（1988）、第36回日本伝統工芸展入選（1989）。朝日現代クラフト展、日韓国際漆芸展（東京芸大美術館）などに招待出品。銀座松屋、池袋西武、日本橋三越本店特選画廊ほか、全国のギャラリーにて個展活動。おもなパブリックコレクションに、東京国立近代美術館、兵庫県年輪の里記念館、熊本県伝統工芸館、旧中曽根邸・日の出山荘ほか。食器、家具から、寺院、酒造など古建築内壁の漆塗りまでを手がけ、旧白州邸・武相荘の家具を制作。1993年よりイタリア・スティベルト博物館所蔵の日本刀、武具の調査修復（継続中）。2003年、カナダ・ブリティッシュコロンビア大学にて漆工芸の紹介。日本文化財漆協会常任理事、世界漆文化会議評議員、クラフトセンタージャパン評議員、朝日新聞森林文化協会会員、全国木工コンペ審査員。

田代真（たしろ・まこと）

1956年北海道生まれ。1980年武蔵野美術大学工芸工業デザイン学科卒業。武蔵野美術大学非常勤講師。株式会社渡辺優デザイン事務所を経てティモデザインシステムズを設立。国際デザイン博けっさく大賞入選（1988）。イタリアサポリティ社家具コンペ3位入賞（1989）。Google Sketch Up 作品コンテスト優秀賞、特別賞受賞（2008）。

北川八十治（きたがわ・やそじ）

1957年静岡県生まれ。1979年武蔵野美術大学工芸工業デザイン学科卒業。武蔵野美術大学非常勤講師。翡翠工房／K-デザイン工房主催。財団法人新潟県生活文化創造産業振興会イデス展「桐の端材による玩具」奨励賞（1999）、財団法人日本産業デザイン振興会グッドデザイン賞「Gマーク」（1999）。2000年、財団法人生活用品振興センター「中小企業活路開拓調査・実現化事業」高齢・福祉対策対応型製品部会、環境対応型製品部会 本委員会委員部会委員長。

大串哲郎（おおぐし・てつろう）

1950年長崎県生まれ。1973年武蔵野美術短期大学専攻科工芸デザイン卒業。1978年まで武蔵野美術大学及び短期大学研究室助手。1978年、静岡・伊豆木器株式会社勤務。1982年、株式会社アイデック入社。輸入家具専門の同社でオリジナル商品のデザイン開発を担当。その後、国内・外デザイナーとのデザイン・コラボレーション交渉を担当。役員として、国内・外の製造工場とのOEM生産交渉、ヨーロッパ家具の輸入仕入れ交渉も担当し現在に至る。

木工　樹をデザインする
2009年4月1日　初版第1刷発行

監修
十時啓悦

著者
十時啓悦、田代真、北川八十治、大串哲郎

編集・制作
株式会社武蔵野美術大学出版局

表紙デザイン
白尾デザイン事務所

本文デザイン
大村麻紀子

発行所
株式会社武蔵野美術大学出版局
〒180-8566　東京都武蔵野市吉祥寺東町3-3-7
電話　0422-23-0810

印刷・製本
凸版印刷株式会社

落丁・乱丁本はお取り替えします。

ISBN978-4-901631-85-3 C 3072